车建新 钱莊 著

体验的智慧 II

生活哲学

ZHEJIANG UNIVERSITY PRESS

浙江大学出版社

图书在版编目(CIP)数据

体验的智慧.2,生活哲学 / 车建新,钱莊著. —
杭州:浙江大学出版社,2013.1
ISBN 978-7-308-11039-6

Ⅰ.①体… Ⅱ.①车… ②钱… Ⅲ.①车建新－生平
事迹 Ⅳ.①K825.38

中国版本图书馆 CIP 数据核字(2013)第 015620 号

体验的智慧Ⅱ:生活哲学

车建新　钱　莊　著

策　　划:蓝狮子财经出版中心
责任编辑:王长刚
出版发行:浙江大学出版社
　　　　　(杭州市天目山路 148 号　邮政编码 310007)
　　　　　(网址:http://www.zjupress.com)
排　　版:杭州兴邦电子印务有限公司
印　　刷:杭州杭新印务有限公司
开　　本:880mm×1230mm　1/32
印　　张:8.625
字　　数:155 千
版印次:2013 年 1 月第 1 版　　2013 年 1 月第 1 次印刷
书　　号:ISBN 978-7-308-11039-6
定　　价:30.00 元

目录

第一章
生命与身体的另类感悟　　　13

第二章
将"七情"升级为"九情"　　**73**

第三章
把"六欲"破格为"九欲"　　**117**

序一

在观念的追问中遇见诗意

红星美凯龙这名字很奇怪，前一半像公社，后一半像外企，组合在一块儿，是中国最大的家居品牌。

董事长车建新，看上去温文尔雅。在我的印象中他似乎总是带着笑意，没有行业老大的飞扬跋扈，反而闪烁着一点若隐若现的天真。

我第一次在论坛上见到他，听见他向创业的大学生们介绍自己："我是个木匠。"他讲到自己14岁时的一个黄昏，走在窄窄的田埂上，迎面走来一位颤悠悠挑着秧苗担子的老人，这个14岁的少年一瞬间清晰地望见了60岁时候的自己，于是他决心改变人生，走一条创造新自我的道路。

从那个黄昏开始，一个小木匠开始打造最精良的家具和最精良的人生。向外，他亲手缔造了中国最大的家居王国；向内，他用 30 年光阴酝酿了诗意盎然的哲学观。

他把这个内心王国的价值称为《体验的智慧》，他的自序就叫《一切智慧皆来自体验》。我慢慢读此书，但见满树繁花照眼，一枝一叶都来自于以身体之、以血验之的自我经验。比如他在小区里跑步时，就会思考自己和麻雀谁更快乐，后来得出结论："财富是认知出来的。麻雀认知世界是它的，我认知世界不是我自己的，所以说，我的财富没有它多，我也没有它幸福。"那么，超越了财富去看呢？车建新认为："人类应该勤劳以后变幸福，因为勤劳改变了我们的生活规律。"

他还有一个更为经典的结论："世间万物其实都是相对的。所谓'有限幸福'也就是说有'度'才会幸福，无'度'必定痛苦。"

我以为，这样一个行业老大，能够谦卑地和麻雀比幸福不易，能够有这样的节制和彻悟更不易！他请我出去吃饭的时候，两个人点不了几个菜就吃不完了，他就把服务员叫过来问："这份炸豆腐有几块？"小服务员说："一道菜 10 块豆腐。"车建新笑眯眯地说："小妹妹，你看我们只有两个人，给我们上 5 块好不好？"小服务员有点不高兴："我们不卖半份的。""知道，知道，我们钱付整份的，就是吃不完不好浪费，上半份好不好？"车建新还是一副笑眯眯的样子。

我于是想起王阳明在《传习录》中讲到知行合一时说："知者行之始，行者知之成。圣学只一个功夫，知行不可分作两事。"车建新自己也是一个哲学家，他一点一点从自我体验中捉摸出的感受再一样一样地还原到寻常日子中，去把握一种更有质量的生活。

著名学者

序二

人、人学与"中国的羊皮卷"

一

　　人是世界上最神秘和神奇的生灵。古希腊思想家普罗泰戈拉说："人是万物的尺度，是存在者存在的尺度，也是不存在者不存在的尺度。"在阿波罗的德尔菲神庙上铭刻的那句格言——"认识你自己"，至今仍是人类求索的核心命题。

　　人在中国传统中的地位同样重要。最古老的典籍之一《尚书》提出，"惟人万物之灵"；《礼记》中记载，"故人者，天地之心也，五行之端也"，把人看作世界的中心。荀子在阐述人与万物的关系时指出，"水火有气而无生，草木有生而无知，禽兽有知而无义。人有气，有生，有知，亦且有义，故最为天下贵也"。荀子的这个观点，被东汉的许慎在《说文解字》中对"人"字释义时延续了，人被视为"天地之性最贵者也"。

在比较中国和西方对"人"的看法时，不少研究指出，西方更偏重于"认识论"，即试图从物质和科学的角度弄清人究竟是什么；而中国更偏重于"体验论"，即更多从心灵体验的角度研究人，"心是道，心是理"，"一切诸法，唯心所生"。西方艺术重视再现，中国绘画重视表现，根源就在这里。

从马克思的立场看，劳动创造了人，生命在于运动，人是改造大自然的生产实践的产物，而人和自然之间的物质变换，又离不开人与人的交往活动和社会关系。所以马克思说，人是一切社会关系的总和。同时，只有通过实践并借助劳动工具的革新，人的本质力量才能得到延伸（如汽车是腿部的延伸，望远镜是眼睛的延伸），人类才能实现自由全面的发展。

和马克思主义的实践论相比，中国文化中对人的价值体认，更多是伦理学意义的，也就是把人的价值与其在伦常关系中的表现联系起来。例如，仁、义、礼、智、信这"五常"，就是用来调整和规范君臣、父子、兄弟、夫妇、朋友等人伦关系的行为准则。

无论是从西方的认识论和实践论角度，还是从中国的体验论和伦理学角度，有一点是相通的，那就是，只要人类存在一天，就不会停止对"人"这一永恒谜语的求解。

人之为万物之灵，一个重要原因是人能思考和体验，并把知识、经验和感受通过文字等形式记录下来，传承下去，使后人总是能站在前人肩上继续探索。

在对人的探索道路上，"传道、授业、解惑"的教育可能是最重要的工具。那些伟大的思想家，很多都是伟大的教师。孔子说"性相近也，习相远也"，提倡"每事问"，"三人行，必有我师焉"，"学而不厌，诲人不倦"。苏格拉底说"最有效的教育方法不是告诉人们答案，而是向他们提问"，"问题是接生婆，它能帮助新思想的诞生"。这两位东西方的"至圣先师"，毕其一生，都把教育、学习与人生关联在一起。

二

一个世纪以来，与市场经济的发展相对应，全球出现了不少专门研究和传播人生态度、性格习惯、思考模式、人际交往、修身处事、形象塑造、职场路径、组织行为、公司文化等与"人"的思想和行为高度相关的学术、教育和励志流派，并经由现代化的传播方式，产生了巨大的社会影响。像"心灵鸡汤"、"心中巨人"、"思考致富"、"积极心态"、"情商"、"逆商"、"学习型组织"、"穷爸爸富爸爸"、"奶酪"、"九型人格"等词汇早已深入人心。而诸多政治和宗教领袖、商业巨子、推销大师、社会名流、传媒明星、经济学家和管理学家，也在社会需求的驱动下，参与激励教育，撰写励志作品，让人们分享其奋斗经历和观念价值。

20世纪90年代中期，我曾花过一些时间研究包括成功学在内的全球激励教育的流变。美国实用主义哲学创始人威廉·詹姆斯说："普通人一生只是运用了10%的人生潜力，人完全可以通过改变其思想而改变其生活。"激励教育的目的，就是通过对人的心理、态度、习惯、认知等方面的改变，让人超越庸常，迈向理想的自我、卓越的人生、恒久的快乐。在某种意义上，激励教育可以说是"励志性的人学"。

不久前去世的美国成功学大师史蒂芬·柯维（《高效能人士的七个习惯》的作者）曾对1776年美国建国后200年间讨论成功因素的文献论著加以研究。他发现，前150年中的作品强调"品德"为成功之本，包括正直、谦逊、勤勉、朴实、耐心、勇气、公正、己所不欲勿施于人，等等。"品德成功学"认为，真正的成功与人的品德密不可分。

第一次世界大战后，成功学转向强调个人魅力，即成功与否取决于个性、社会形象和维持良好人际关系的圆熟技巧。由此出发，注重人际关系和公关技巧的"关系成功学",与注重"积极心态"的"心态成功学"成为20世纪成功学的两大思潮。究其原因,在市场经济下,价值实现往往依靠交往与交易,因此人在交往中被认可的程度,人的心态、沟通能力和影响力,往往能发挥显著作用。

《人性的弱点》的作者戴尔·卡内基是"关系成功学"的奠基人,他信奉"人的成功,15%在于专业知识,85%在于人际关系和处事能力"。其学说广泛应用于沟通、演讲、谈判、推销等领域。另一方面,以"钢铁大王"安德鲁·卡内基、拿破仑·希尔、沙利文·斯通等为代表,孕育了"心态成功学"的潮流。他们推崇"一切的成就,一切的财富,都始于一个意念(idea)"。这一流派后来与心理学、神经学、医学等交融,衍生出更多分支,包括以阿德勒和弗兰克医生为代表的"维也纳精神治疗学派",以马斯洛为代表的人本主义心理学,以威廉·詹姆斯、加德纳·摩菲为代表的潜意识学派,以外科整容医生马尔兹为代表的"自我意向理论",以约翰·葛林德、理查·班德勒为代表的"神经语言学",等等。

成功学中有很多重要著作。《人性的弱点》在美国的发行量一度仅次于《圣经》。流浪汉出身、后来成为心灵自助专家的奥格·曼狄诺所著《世界上最伟大的推销员》销量接近2000万册。曼狄诺年轻时,被内心疑惑和失业的痛苦所折磨,四处寻找答案,直到有一天得到"来自上帝的馈赠"——一本《圣经》和一张书单，从中获得神奇的力量。书单上的著作皆出自美国200年来的成功人士之手，且都有很强的励志性，如《本杰明·富兰克林自传》、拿破仑·希尔的《思考致富》、弗洛姆的《爱的力量》等。这十几本书后来被统称为"羊皮卷"系列，1996年在中国出版，并产生了广泛影响。

三

我在2004年所写的《最伟大的激励》中曾提出，在21世纪，中国面对着经济发展与文明复兴的两大命题。相应的，中国人也面对着双重的挑战，一方面是创造财富，力争上游；一方面是内心充实，喜乐幸福。由于这种"双重性"，中国需要借鉴的激励资源不应该局限于"心态"和"技巧"，21世纪中国的成功学，应该是复合性的、全面的成功学。

中国入世后十多年来，励志类图书已成为出版业的一道独特风景，企业家传记（如韦尔奇、乔布斯、李开复、马云、俞敏洪、王石、冯仑、潘石屹、稻盛和夫等）、引进版图书（如斯宾塞的"一分钟经理人系列"）和本土性培训著作（如曾仕强、汪中求、李践等的著作）是三大组成部分，再加上媒体的推波助澜（如"赢在中国"和杜拉拉系列）和出版机构的努力（如中信、华章、蓝狮子、湛庐等），中国的励志教育市场不断成长。

但是，中国能否出现像"羊皮卷"那样经久不衰的励志大作呢？到目前为止似乎还没有。今天是一个多元化的时代，从过于细分的角度切入，很难有大影响；面面俱到的东西，往往缺乏血肉，显得教条和堆砌；明星企业家的作品，有轰动效应，但因基本是从企业历程的角度展开，除了像李开复先生的《做最好的自己》等极少数作品外，很难成为专门性的励志教程。

在此背景下，我读到了红星美凯龙集团创始人车建新先生的心血之作《体验的智慧》。研读再三，我认为该书堪称是"中国的羊皮卷"，开辟了中国成功学、幸福学、励志教育的新视野，是一部知行合一、学思兼修、气韵饱满、灵光四溢、态度谦诚、新意盎然的关于人之为人、人之自然、人之成长、人之成功、人之幸福的体验之书、分享之书、睿智之书、妙趣之书。

《体验的智慧》分为成长哲学和生活哲学两卷。成长哲学侧重于"思"，是"体验性之思"；生活哲学侧重于"情"，是"思辨性之情"。前者总体属于成长之学、成功之学、成就之学，后者总体属于幸福之学、快乐之学、生命之学，合为一部全面而生动的"励志人学"。

成长哲学从体验与思维的角度切入。车建新认为，怎样活着、怎样活得更好，"要靠体验去激活大脑"，经过体验和思考的生存才是生活，一个人通过学习与体验才能成长与成功，成长永在一个动态的过程之中。由这一原点出发，作者立足现实，有感而发，触类旁通，广泛探讨了认知、意念、能力、体验、自我意识、思维、思考方式、记忆、想象、心态、资源整合、环境影响、做人原则、做事态度、文化价值、责任感、时间观、机会观、结构观、审美观、因果观、成长意识与成长力、工作与兴趣、习惯、学习、状态、选择、细节、价值观、自我定位与取势、分析、灵感与创新、技能等命题，涵盖了成功学最主要的四个研究领域，即认知、心态、习惯、方法。

在我看来，车建新的成长哲学，是中国企业家将自身的人生感悟与实践经验，与西方成功学交汇交融后，所形成的对人生的新省察，或者说，它是西方成功学的一个"中国式体验版本"。

四

如果止步于此，《体验的智慧》也是一部好的励志作品，但离"中国的羊皮卷"的标准尚有距离。然而，车建新的愿望似乎在于，他要建立一套带有原创性的新思考体系，而不是完全拘泥于西方的"羊皮卷"之中。这种努力的结果，就是他所构建的以

"九情九欲"为轴心的生活哲学。

车建新的生活哲学，既与生命科学中的细胞理论有关，更来自于对古往今来"人性论"的核心问题"生命是什么"、"人怎样构成"的创新式解答。古人有"三情一欲"（喜、怒、哀、乐），当代社会，人心远远复杂，要完整解析人性人心、人情人欲，就需要有新的提炼与归纳。车建新提出的"九情"是喜、怒、哀、忧、悲、恐、憎、爱、善，"九欲"是生（求生欲）、食（食欲）、色（色欲）、名（名欲）、利（利欲）、智（求知欲）、诉（表达欲）、征（征服欲）、适（舒适欲）。

车建新认为，"九情九欲"是人类独有的心理状态和生理要求，是人性的根本基础。"情"主要是心理活动，"欲"主要是生理活动，它们互动互补，相辅相成，协调搭配，相互转化。他倡导将负情绪转换成正情绪的"转换论"，提出"完善和改良人的情绪置换"，以尽可能避免偏、畸，更好地提升人的自律能力。

除了"九情"、"九欲"之外，生活哲学还有两个部分。一个部分漫谈动静与休息、骨骼与调理、精气神的协调、梦、团队学习、终点规划、灵性与智慧、学习与生命、意识、意志生命；一个部分专谈人的幸福快乐，家庭、婚姻、心智、感知、率真、舍弃、情景与情商、节制、共有财富，而最后，车建新给出的终极结论是——只有为社会创造财富，才能为个人带来财富，带来最大的幸福；内心充满智慧，感觉自身力量无限，就是幸福；只要把财富观与幸福观真正打通，就会拥有一种新智慧。

读完全书，我仿佛理解了，车建新，这个从贫苦农家走出、自小读书不多的小木匠，为什么历经30多年的奋斗，能成为商界翘楚，而且不断超越自己，更新思维，以体验为乐，以创新为快。我想是因为他有两件宝贝，一个是他从父母身上承续的那些最朴素也最持久的价值观，勤劳、俭朴、正直、付出与智慧；另一个是他走向社会，千辛万苦、千锤百炼后形成的学习和思考习惯。他永在观察，永在揣摩，永在学习，永在提炼，他是实践者、学习者、体验者、思想者，宁可选择一万次"异想天开"，也不会选择一次让大脑僵化。正是这样的习惯和历练，让他观乎万物，化成人文，融汇百科，自成一说，"心生而言立，言立而文明"。

文，心学也。读《体验的智慧》这部"中国的羊皮卷"——认识生命、经营人生、追求真善美的励志之作，促进人的自由全面发展的创新之作——必定会有思想的收获、心灵的收获。

《第一财经日报》总编辑

序三

问自己一个与生命有关的问题

我认识车建新并不太久，也就一年有余。之前，我知道他是因为红星美凯龙，这家来自江苏的家具连锁企业是它那个行业的传奇。秦朔介绍我认识车建新，是因为他在写一本书。

每一个人的内心都有写一本书的冲动，但每一本书如每一个人，有不同的面貌与思想。"车建新为什么要写书？"我问。美国钢铁大王卡内基晚年写回忆录，朋友问他，为什么要写书，他说："我要有一面镜子看清自己。"

过去 20 年里，我写过很多企业的书，也出版过很多企业家的书。车建新的创业经历也许是一个不错的中国故事：25 年，从 600 元借款变成 600 亿资产,财富增长 1 亿倍。车建新却说:"我要写自己的体验。"

体验就很难数字化了。体验会有体温,会有徘徊,会变得柔软。

"14 岁那年夏天,我帮母亲去挑秧,路上有个老公公,已经 74 岁了,他和我一样在挑秧,然后我想到:难道我要像这位老公公一样再挑 60 年的秧?当时我暗下决心:这辈子一定要先苦后甜。其实我之所以从农村走出来,我的出发点只是'要把自己当一个有用人',不想依赖父母,只想利用好家庭、朋友的资源,为家庭赚钱,想把事情做好,有责任心,有正义感,想超过别人……"

这是一个场景。少年,和他的一段内心独白。充满了企图,有方向,却没有道路。

"我 16 岁那年,刚从乡下到城里来打工,第一次上街才知道,城市里是靠右行走的。这次经历让我深切地感受到,原来走路也要学习,不学习是没法生存自立的……"

每一个从乡村或边城走出来的青年都有过这样的体验吧。城市的马路太宽了,陌生的秩序让人不知所措。

"人的生命只有一次。每个生命都是伟大的。既然是生命的存在了,来人世间走一遭了,起码应该活得明白:我是谁?这个世界是怎么回事?后者更是以追求智慧的方式去探索人生、体验人生了。"

"什么是生活?生活是一门学科,更是一门艺术。未经思考和体验的生活是不值一过的,只能说生存而已。"

"人生就是三件事,一找到事物的本质,二找到事物的规律,三寻找事物之间的联系,事物之间的联系就是创新发明。"

"我们总是看见天鹅在水面上,骄傲地昂着头,自信而优雅地游着,却往往忽略了它在水下不停运动的两只脚——人亦如此,要想骄傲地自信着,只有永不停息地努力啊!"

……

读着这些文字,你可以听见骨骼成长的声音,很原始,很直接,很欲望。它们属于这个以达尔文主义为信仰、以享受为耻辱的时代。它们属于一代人,迷信进步,拒绝矫情,以生命去换取物质,以物质来印证价值。

在车建新的任何时刻,他都想找到自己在公共世界里的存在和价值:"人人都会照镜子,但我后来发现,生活中还有一面镜子,而且是更重要的镜子。它的镜面是什么做成的?那是他人的眼光。"

27 年前,我问自己"我是谁",答案是 "一个好木匠"!

过了 5 年,我又问自己"我是谁",答案是 "一个勤劳的生意人"!

后来我再问自己这个问题,答案是"一个用心做事的人"!

从手艺人、生意人,再到追求事业的人,这种不断的自我设计、自我超越,就是认知自己的方式,认知自己的过程。这样的修炼发生在几乎所有的事业中,无论出世的,而或入世的,车建新在商场悟道。

在过去很多年里,中国企业界流行的是对"弯道超越"、"狼性营销",以及像"微笑曲线"等商业技巧的探索,这些商业思想的梳理帮助一批中国公司成了最后的胜利者,但在功成名就后,中国企业家再往何处去变得越来越多元化。对于经济与物质的成长,也许我们尚可以勉强勾勒出稍稍清晰的轮廓,可是,在更大的时空背景下,我们却会产生更致命的迷失,那就是我们之所以存在的意义。就像R·G·科林伍德在《历史的观念》中所写道的:"我们可能走太远了,以至于忘记了当初之所以出发的目的。"这句名言的另外一个问法是:我们追逐财富的人生真的是出发的起点吗?

其实这又是一个永远都找不到标准答案的问题。

提问的意义,有时不在于答案,而是问题本身。

日后,出版了这一本书的车建新,将仍然在追逐财富的道路上奔跑,他的红星美凯龙将越开越多,他的资产可能从600亿元继续膨胀成1000亿元、2000 亿元。这是他的工作，鲜衣怒马，冷暖自知。而与众不同的是，他同时还在思考那些柔软的问题，比如意义、价值、存在。他还像很多年前的那个江南少年一样，向着空气提问，对着影子自语。

这很奇妙，我们会在同一个故事里找到若干个，甚至是冲突性的答案。

财经作家、"蓝狮子"出版人

自序

一切智慧皆来自体验

一切的智慧皆来自体验——这是我 40 多年的人生里最为深切的感悟，也是我下决心完成这两本有关成长和生活哲学访谈的初衷。

现在许多人，尤其是年轻人都来向我讨教所谓成功的秘诀，可我觉得自己实在是一个平凡的人，更没有什么特别之处。但人家不相信，以为我不肯讲，于是也逼得自己去用心思考起这个问题。

我想，如果要说我今天的事业算得是一些成功的话，那完全得益于我长期对生活对工作用心的观察、分析、解剖、总结、想象、联想、模拟和互动的习惯，概括起来就是两个字：体验。

对工作与生活的体验，把体验积累的智慧再去体验工作、体验生活。也可以说，是体验伴随着我人生的成长和情感的阅历。

前不久，我出差去了一趟新疆。从乌鲁木齐到库尔勒乘飞机只要45分钟，坐汽车的话却要5个小时，但我还是坚持坐车去，想看看路上的风景。接待我们的人说，两边全是不毛之地的戈壁滩，没什么好看的，我说看戈壁滩也好啊！行进的途中，果然什么都没有，除了石头，还是石头，原来戈壁滩就是一片荒漠。但当经过天山时，我突然感觉惊喜来了——这里不是火星吗？

这一刻，眼前那些不十分陡峭的小山坡，也不那么十分尖的山岩，分明是火山喷发后残留的遗骸，而且还伴随着一种快被烤焦的感觉……我顿时大呼：这就是火星！我们到了火星啦！车速时慢时快，我顺着那个节奏又半躺下来，看着天空，看着岩石，更有穿行于火星的感觉，因为视线更集中，而把周围的公路等景物全都虚化掉了。同时我在不断地联想：其实这个地方可以说同火星是一样的，火星同地球也差不多，都在围着太阳转，只是地球多了氧气。不一样的只是温度与引力，其他肯定都一样……我还联想到了天文学家曾经的观察、描述：埋在土星环里的都是冰块，与北极一般；而对火星表面一片贫瘠、焦燥的评价，真与我当时的体验产生共鸣啊！

我对同行者叙述我的体验，他们说：车总你真会想。我说，建议可以开发一条叫"火星之旅"的游线，山石林中设置那种下面铺了轨道，两人座的"探月车"，一节一节的，转来转去，时上时下，让更多的人来体验火星。

这就是体验的力量。

体验，不仅能提升人在平凡生活中的智慧，还可以获取现实生活中无法满足的许多东西。体验真是个宝贝，认识体验，当然更要善于体验。

人为何物？说是高级动物并不精确。人是智慧的动物，更是希望的动物，其所有的智慧都是体验而得。其他动物为什么没有智慧？因为不会体验，或者说根本就缺乏体验的功能。就论最原始的本能，同样是食，动物无一例外只会生吃，而人类把果腹充饥进化到了丰富的美食文化；同样是性，动物只是交配，而人类可以演绎出浪漫万种的爱情……照我看来，这个巨大差别的秘密，就是体验的功能。

十分可惜的是，现在很多人并不重视体验，甚至让这一功能都关闭了、退化了，那怎么还会有智慧的产生呢？

我最近就有个大胆的发现与推测：人并非猿变过来的。人是人，猿是猿。以前听说过的那叫类人猿，本质还是猿嘛。即便是，也应该是类猿人。这是因为我研究了人的七情六欲（我现在还提升了二情三欲，成了"九情九欲"，书中会一一详述）。尽管猿也会直立行走，也会使用工具，但它除了本能，至少"九情九欲"不可能完整吧，也就更不会有智慧的体验。

所以对于"九情九欲"的感知能力，正是人类特有的智慧功能，是特别需要珍惜的，也是人的创造力的基础。

我是个"求本主义"者，也是"联系主义"者。什么是"求本主义"？就是寻求生活的本质，分析事物的根在哪里。体验的智慧才是人的本质。

那么，体验的本质又是什么？我觉得它是一种个体与世界上人、事、物的联系，是活在当下的标志，是进入情境中的视觉化的思考。

当然关于体验的具体内容，书中除了专门章节的阐述，还会在多处涉及，在这篇序言里，我只想先同大家分享一二，因为它们是我开始这次访谈的精神基础与缘起。

首先我要讲一下，在我真正开始思考生活哲学的命题时，我经历了一次亲情追思的体验。我想起了我的父亲、母亲，甚至我的祖父、祖母，是他们把生活的接力棒交给我的，这根接力棒上写着艰辛与智慧，我捧着它创业直至今天，所以我一定要把我这些感悟献给他们，作为最好的回报。

我祖父是随其祖父流浪到我现在的老家常州市金坛，凭着他的勤劳勇敢，在那里扎根生活下来了。

父亲9岁那年，祖父因伤寒症离开了人世。听我的姑姑说，祖父临终前全家人都抱在一起痛哭，觉得天都要塌了——这可能是我的家族史上最惨痛的一幕，但也是兴旺的起点——成了寡妇的祖母，靠着她的坚强，不畏欺负，不怕艰难，带领全家走出困境，并且在生活中悉心教导，让我的父亲不仅正直而且有智慧。

父亲那时没有条件读书，12岁就开始外出打工了，成年后很快成了一名技术瓦匠，后来还成为了一些项目的负责人。他对我最大的影响，就是总喜欢在工作中动脑筋，搞点创新发明。譬如说他砌的灶头，不仅拔风性能好，还会特别增加一个充分利用灶火的余热加温的热水颈管。而我母亲的巧干，可以说是我创业之路的照明灯。她每天下田干活从来没有空担，去时将猪灰带到田里做肥料，收工正好担回庄稼或土块……可惜她积劳成疾，48岁就过世了。9年前，与病魔顽强抗争了13载的父亲也撒手人寰。为此我写过一篇文章《父亲母亲：我成长、成材的根》，这不光是为了思念，更是体验，一种创业精神的体验，现在我有责任把这体验传承下去。

事业其实并不是一代人就能完成的，而这种代代传承积累延续的保证，就是对家族精神智慧亮点的深入体验。

最后，我应该说一说本书的成因与完稿。这也是一次合作互动的体验，是漫谈中形成的生活文化之旅的体验。

本书的编撰者钱莊（旭东）先生，是一位创意策划人，我的好友，也曾是我直接的下属，现在是红星集团的顾问，但我更愿意把他当成我的文化老师。20年前与他的结识，因为他的一篇文章，使我燃起了对文化的浓厚兴趣，并由此把文化融进了企业的发展战略和经营管理，把文化之爱融进了我的生活和生命。

说实话，认识旭东前我读书并不多，拿到一本书也总是急着要把它翻完，而正是在与他经常性的交流切磋中，我开始了享受阅读的体验，现在一天连续看七八个小时的书也毫不厌倦。要是一天不读书，反倒觉得缺了什么似的不踏实。学习的体验，我真的感觉是在"同许多智者对话"。小时候，听到"书中自有黄金屋，书中自有颜如玉"的话，总觉得那不是真的，但如今却更体味到了其中的价值。

书读多了，感悟自然就多，再加上我自身创业实践的无数体会，于是我们日常的交往，更多成为了各自心得的交流、分享与对接。我总觉得钱莊是个另类的文人，在艺商之间有通感。尽管我俩的出身背景、人生阅历和性格脾气反差很大，但在工作、生活和文化的许多观点上，往往竟有如同一人般的共鸣。所以，有一天我提出我们共同来完成《体验的智慧》一书，以让更多朋友参与体验，他也欣然接受了。

还值得一提的是，本书的创作过程，本身就是一次非常愉悦的体验过程。我俩或是茶余饭中的闲聊，或是结伴航行在云端神侃，又或干脆在游泳池溅起的水花中，意识流一般地交换灵感……总之，这两本关于成长和生活哲学的访谈，完完全全是在生活情境的体验里完成的。

所以，对于此书，读者也千万不要正经八百地专心去看，你可以在烦躁地候机、候车时，在漫长旅途的闲暇时，躺在床上但尚无睡意时，甚至在给浴缸放水，或者泡脚的时候来看，总之在"生活着"状态下的阅读体验效果更佳。

你还可以这样：当你认为其中的若干篇章引起你的共鸣，渗入你的意识了，那就可以把这些章节撕掉，一年下来你再看看这本书还剩下多少页，也许这些正是我们要在以后修正和重新思考、体验的。特别还希望你对阅读本书的体验能发给我，让我们更好地学习和互动。（体验专用邮箱 cjxtiyan@chinared-star.com）

被称为"复旦的尼采"的张汝伦教授说过："在哲学深处，体会到的是一种个人成长、走向成熟的感觉。"

成长的过程，就是生活在每一天的体验过程，体验中人才会产生最高的境界——智慧生命。生活是美好的，而生活的哲学只有靠体验才能感受得到。体验才能进入情境，情境之中才能进入情感状态，才是活在当下。

　　愿所有的读者朋友，尤其是青年朋友们，一同来分享体验的快乐和体验的智慧。

车建新

2012 年 9 月 25 日

开篇

生命与『九情九欲』怎样经营？

钱莊（Q）：生命是什么？人又是由哪些成分构成的？你认为生命的本质是七情六欲的组合。

人的一生总是在七情六欲的激励、催化、纠结、困扰中，或斗志高昂，或颓废沮丧，或功成名就，或一事无成……

不仅如此，你还在其中又加了五条，成了"九情九欲"的生命？

车建新（C）：世界上的每一个正常的人，都有七情六欲。不同的学术、门派、宗教对七情六欲的定义稍有不同。但所有的说法都承认七情六欲是不可避免的。儒家的七情是：喜、怒、哀、惧、爱、恶、欲。佛教的七情与儒家大同小异，指的是喜、怒、忧、惧、爱、憎、欲七种情愫。医家的七情则是：喜、怒、忧、思、悲、恐、惊。其实最终都会归纳为七种情绪：喜、怒、哀、惧、爱、恨、怜。六欲通常采用的是佛家的说法：色、声、香、味、触、法；可把其归纳为六种欲望：求生欲、求知欲、表达欲、表现欲、舒适欲、情欲。

其实最初，古人只说人有三情一欲，就是在《中庸》里出现过的"喜、怒、哀、乐"，其中"乐"即"欲"。现代人对七情六欲的认知十分笼统，而不作具体的区分。还有好多人把"喜怒哀乐"误解成七情六欲。我认为真正要弄懂情与欲，还是要细分来研究，并且又能从中提升出"两情三欲"。因为当代社会的人内心更复杂化了，只有更加细分地去研究才能更完整地解析人的情感与欲望，这就是我的"九情九欲"观。其中九情是指：喜、怒、哀、忧、悲、恐、憎、爱、善；九欲是指：生、食、色、名、利、智、诉、征、适。

为什么没把"恶"放进去，因为我是坚信人性本善的。恶不是生命的原色，是后天延伸出来的。那为什么会延伸出恶？有5个方面的原因：一是如怒、气、妒忌等这些负情绪得不到控制和调节，会滋生恶；二是生存的基本保障没达到，譬如吃。狼为什么比老虎狮子更凶残，因为狼是"饿鬼"，胃大消化快，力量和速度又都比不上老虎、狮子，存活的威胁使它变恶；三是欲望过多，贪婪无度，有的人一旦欲望得不到满足就会变恶；四是源于人的不安全感，过分地保护自己也会生恶；五是思想上对道义的不认同。

Q：其实情商高的人不会生恶，因为他能够较好地营运"九情九欲"。但很多人并没有真正了解情商。

C：我认为情商的本质就是"九情九欲"，它是人最基本的能力因素，更是作为人生命的能量。可以说，情感是幸福和成长的母亲，而欲望是幸福和成长的父亲，在这样的培养下才具备情商的基础。

在我们生存的世界里，可以把一切分为矿物、植物、动物三大类。矿物是没有生命的；植物有生命但没有欲觉，只有接受而没有感受；动物有生命有欲望，而且知道感受。人是一种高级动物,不仅具有求生存的基本欲望,比起普通动物的欲望要高级得多。也就是说,人类不仅能接受信息,感受信息,而且还能因接受信息而感动、激动、冲动,并又理智地加以节制或处理,把欲望发展到情感和理智的高度,而普通动物的欲望和感受只停留在本能的水平上。

Q:人类与动物有趣的区别,是人知道脸红。在已知动物种类中,唯一知道脸红的是人类。达尔文把这一行为称作"最独特和最具人类特征的表情"。

C:这缘于人有"九情九欲"。普通动物即使有"九情九欲",也绝对是不完整的。因此人类的聪明才智主要取决于"九情九欲"。"九情九欲"主宰大脑。

我一直有个"人非猿进化"的观点,人是人,猿是猿。在2011年的一次谈话中居然还赢得了山西的一位女企业家的共鸣,她告诉我五台山有位妇女天天跪趴着磕头,就像猿类行走那样,几十年下来,地球引力把她脸上肉向下拉长了,乍一看很像猿的脸。远古人代代都是用四肢爬着行走的,地球的引力把鼻、嘴、眼皮、额拉长了,胸、肚子也拉大了,但他们也只是像猿而非猿。把人当成猿是错误的,因为猿没有"九情九欲"。后来人站起来直立行走,就现在这个样子平视四周,眼界、观念就更不一样。

"九情九欲"是唯有人类具备的基本的心理动态和生理要求,

是人性基础的基础。情主要是指人的情感表现，属于人的心理活动范畴；而欲主要是指人的生存和享受的需要，属于生理活动的范畴。情与欲分别属于"心"与"身"两个联系密切但又不同的领域。情与欲互动互补，相辅相成，情可以生欲，欲也可以生情；欲的满足需要感情的投入，而情的愉悦也有赖于欲的满足。

情与欲是不能分开的，没有情哪来的欲？没有欲又哪来的情？没有情，没有欲，六根清净，四大皆空，不食人间烟火，没有儿女情长，没有悲欢离合，这样的人不是尼姑、和尚，就是神仙、鬼怪了。

Q：就像色有七色：赤橙黄绿青蓝紫；味有五味：酸甜苦辣咸；音有七音：哆来咪发唆啦嘻。"九情九欲"也是人类生活的最基本色调。但人与人并不一样，情与欲的表现也就五花八门，我们要讨论的，就是如何运用好心态的密码符号。

C：这也是人的情绪密码。人们在生活中，不可能避免酸甜苦辣的情绪体验，而且这些已经注入了人的生活方式。

情绪是一种能量的表现形式，还可以转换成物质和疾病，存在于身体当中，譬如肌瘤、囊肿等。物质也能转换成情绪，被释放掉……当你把相应的情绪释放过后，物质也会随之消失。任何情绪，只要是流动的，没有卡住，就不会伤害身体。伤害到你的情绪，都是你没有能力处理的情绪。所以人应特别注重情绪上的平衡。当有负面情绪时，要及时宣泄出来，这样有助于心理及精神的调节。

Q：鲍勃·普克特就说过："疾病无法在处于健康情绪状态的身体中存活。"发生情绪时，身体各部位也会"感同身受"：后背疼往往是有压抑的愤怒，腰痛可能是恐惧产生的，胃疼是委屈所致……

C：自我认识的过程，也是自我治疗的过程。

情绪分为正情绪和负情绪。当然很多人一般都只利用正情绪，但是要做一名好的领导人势必还要发现自己的负情绪，并能善用之，在负情绪中找到具有积极意义的正作用。我们还要研究如何张扬情绪和控制情绪，两者是相辅相成的，合理运用才能使自己更加聪明。人不宜过分压抑自己，这样会降低智商、削弱快乐感。有人形容情绪就像我们的"保安系统"，一旦身边的人和事对我们的身心构成威胁，这个"保安系统"就会发挥作用，发出相应的警报。比如我们遇到危险，就会产生恐惧情绪，迫使我们要么躲避，要么抵抗。如果有人刺伤我们的自尊，情绪就会变得先是郁闷，然后是愤怒，提醒你寻求缓解。

心态也分阴心态和阳心态。阴心态是消极的，阳心态就是积极的。当一个人遇到所有的事情，都往最糟糕最负面的方向去考虑和解释，久而久之，他的负面心态所带来的愤怒、抑郁、焦虑、害怕等就不可避免了。长期沉浸于负面的心态和思维，就会导致严重的心理障碍，甚至攻击他人，攻击自己（自杀、自残）。"九情"里有"阳情"和"阴情"，"九欲"里也有"阳欲"与"阴欲"。

人类之所以成为"万物之灵"就在于拥有"九情九欲"。情和欲的燃烧导致人生的折腾，但这里面又会产生极大的对抗与平衡的能量，好像金融上的"对冲基金"那样。

Q：人的生命是一个什么样的载体呢？是具有"九情九欲"的载体。如果一个人不在"九情九欲"之中，也就不在所谓"情境"当中了。

C：哈佛大学教授泰勒·本-沙哈尔（Tal Ben-Shahar）在他的《幸福的方法》中指出："凡是人就有七情六欲，坦然接受各种情绪，不要试图消除抵制抑堵，而要顺应化解疏导。"

人类的情感世界实在太丰富了。我们尝试解析"九情九欲"，就是希望达到人心理的合理排泄与对流，提升我们的心理抵抗力，梳理情绪心智，从而培养、塑造健康的情感心理。

人肉体的存在靠什么？遗传基因、神经、细胞、骨架、营养、血液；而精神的存在，就是"九情九欲"。人的道德、品质、意志、思维等，都是我说的"九情九欲"。

对于一个成功的人生，我总结过，成就你的只有三个：梦想、对手、异性。这三项都同情感与欲望有关，那你就必须对情感科学有充分的认知与体验。

成功的燃料是什么？欲望与情感。欲望其实是拉动人的很重要的一个因素。一个人的"九情九欲"感觉不完善，那么他的人生就不完善。"九情九欲"运营能力强的人实力就强，就越容易成功；"九情九欲"运营能力弱的人的实力就弱。

曾在哈佛医学院工作了 20 年的爱德华·M.哈洛威尔（Edward M. Hallowell）说："对于从现代生活中获得最多好处这一目标而言，为世人所遗忘的关键因素不是智力，而是情绪……情绪对于高级思维起到了开关的作用。"

"九情九欲"中哪个是中心？你把哪种情欲体验得多、发挥得多，哪个就是中心，其他就相对减弱了。哪个用得越多，就越强。喜多了，就是积极的人生；善为中心，善情就多，善爱更多。这就决定着你的人生走向，它也是有"漩涡效应"的。

人的欲望也分层次、等级，但主要的欲望太多，人会痛苦。譬如搞技术的人，把名作为主欲望，兼顾了利，技术才会好。但把名利都当成主欲望，技术和才能的发挥肯定受影响。所以欲望不一定都要去满足，一旦满足了，马上又会有新的更多的欲望产生，而且是原先欲望的数倍，无穷无尽。

Q：欲望其实是很难说清楚的东西，因人而异，而且还有许多属于个体生理因素。情可能共性的东西多一点，欲是很私人化的。

C：正是如此，才有研讨的必要！譬如我们谈生、食、智、名、诉、征这六欲，当然不能绝对来说，有些完全是正负互转的，关键看你怎么理解，怎么样才让阴阳调和。再像利、色，听上去就有些令人生畏，但谁能逃脱得了呢？所以我觉得这三条也只有大小之分，并无褒贬之分。

所以我们在讨论"九情九欲"时，我特别要强调一个"转换论"，即尽量让负情绪转换成正情绪，让负意识切换成正能量。人的能力的差别就在情绪的转换能力上。

例如：挫折多了，或者受了苦，气、痛都会变成忧和恐，但也可以转化成征，不服输嘛。至少要转成诉，把它宣泄出来，否则会转成哀。哀和忧也可以用怒来转换。欲望一时没有达到，有的人转成悲，有的人就转成了怒或憎，反过来有了力量感。但憎和怒，有的人就会只为宣泄而报复，转成了恶。完善和改良人的情绪置换，就尽可能避免它的偏、畸，从而更好地提升人的自律能力。

但憎和怒会使有的人从正面增强争气、好胜的征欲。抗日战争时期，悲观者就是从忧、恐、悲一步步发展到哀，认为民族要灭亡了。但毛泽东领导的抗战就成功地将这些负情绪转换成憎、怒、征的正能量，赢得了胜利。要知道，从人性欲望的释放中获得的力量都是惊人的。

"九情九欲"的培养和提升，还是分级的，可根据年龄来排序。像九情，当然首先从爱开始，再是善，小孩 10 岁以后再逐步开始憎和怒；欲先从食、求知、舒适，再到名、利、色，再到征……

Q：人生之所以多彩，就是那些情和欲像各种色彩一样，但必须协调搭配后，才能变成一张既斑斓丰富，又有情绪内涵的画。

C：我认为人生大课堂中应该有门"九情九欲学"的大学科，因为它属于生命的经营学。"九情九欲"的营运与平衡，将会让我们丰富的情感良性循环成人生的动力，并影响到我们的人生价值观。

因为，你是你生命唯一的创造者！

第一章

生命与身体的另类感悟

我们就是神仙

C：在这里我想先讲故事，讲一个有关神仙的故事，相信大家会爱听。

有一个原始部落，从没有外人去过。一个传教士到达那里，发现那里的人很快乐，早上起来就唱歌、跳舞，然后去劳动。那里没有工业生产。中午回来，唱完歌再吃饭。晚上回来呢，每天都有篝火晚会。传教士在那里待了一段时间，发现那里的人只能活 100 天左右，就像我们的一些家禽一样。后来，这个部落的人发现传教士能够活 3 万多天。传教士问：你们愿意活 3 万多天吗？他们说不愿意。为什么呢？因为你们有智慧，是创造世界上科技和财富的神仙，你们是神仙。

这个故事告诉我们什么？我们现在的人就是神仙，而不是传说当中活在天上的神仙。

世界上唯一的神仙就是我们大家，所以不要将自己看得渺小，我们都非常伟大。人类的伟大体现在哪里呢？因为我们有大脑有智慧。所以如果我们的大脑不思考，人活着就没有意义，

就像动物一样。

Q：据说，最新物理学研究表明，宇宙空间最多可以有 11 个维度。如蚂蚁只能感知二维平面空间，没有高度的感觉。普通人类，是生活在三维空间里，而灵性生命，可以生活在更高维度的空间。

C：生活在低维度空间的生命，当然看不见高维度空间的生命；但高维度空间的生命，却能看到低维度空间的生命。

我很喜欢树。每天跑步时我总要花很多时间去观察树，有次我走近去拍它几下，想看看它的反应。树是有生命的，但你拍它，它不会发出声音，也看不出痛苦的表情。植物生命无法表达情感，这跟人的生命还是不一样。

我又想到我的父亲。他原本是一位聪明勤奋的瓦匠，不仅有过许多小发明，还懂项目管理，可惜 20 多年前他因脑溢血中风了。此后他一直与病魔搏斗，直到 9 年前才离世。在与疾病作斗争的 13 年里，从表面上看他与常人没有区别，可身边的人他都不认识了，自己也不能说话。那段时间，我常常坐在他面前，默默地看着他，他也满面笑容地望着我，我问他我是谁，可他摇摇头，连儿子都不认识了。他已经失去了思维和记忆。

记得我当时还说，没有思维的生命活着真没意思。没想到一周后，父亲就真的走了。妻子说我的那句话讲坏了事，我此后一年都生活在悲伤的阴影之中，也特别地思念父亲。直到有一天，我突然意识到，父亲给了我一份最大的遗产，那就是：有思维才有生命。高思维提高生命的质量。因为父亲的失去思维才有我对生命的思考与体验，也才有了这两本书。

也许正是从那一刻起，我开始了对生命的思考和探寻。

Q：生命本意是指肉体的长寿，还是精神的长寿？生命仅是时间的长度，还是更在于智慧的宽度与深度？

人的生命之所以称为生命，应该是一个综合的过程。

C：人的生命首先应该取决于思维的长寿，很多人把肉体长寿作为生命的标准，那是对生命的误解。

一个人到世界上来一趟实在不容易，要把生命的价值充分体现出来，做到不枉此生，就要知道生命的过程是由四项生命的任务来完成的。

创造生命的条件：生命是最基本的人权，通俗地讲就是父母把你生下来，喂养、哺育你长大，再结合你自己的身体对各种养分进行吸收，成长为一个健康的健全的人，具备了生命的基础。然后去工作，在工作中创造生命所需的食品和物质。

证明生命的价值：你的生命一定有深潜其中的存在价值，所以你要积极主动地把它发掘出来，创造财富，实践智慧，积累经验，创造业绩，活出生命的精彩。最高境界是立德、立功、立言。

认识世界、了解未来：人来到这个世界是为了什么？是来认识世界和了解世界的。认识和了解就要学习，有知识，然后通过岗位去锻炼，锻炼出智慧；通过我们的智慧再由舞台去实践，学习、实践出更大的智慧；然后再学习，再实践……我们的老人常说，人活着就是来见世面的。那我们经历了、了解了，并产生了自己对世界独到的认知和感知，我们的意义就存在了。所以我觉得智慧才是生命的意义。

体验人生：体验什么？体验"九情九欲"、酸甜苦辣。因为没有吃过苦的人就不会知道什么是甜。甜和苦是对比才能体味的，酸和辣也是对比出来的，所以是一个体验的过程。我们的体验越多，感悟就越多。体验成就感，体验新生活。用智慧去体验人生的精神生命，生命就越有意义，对自我生命的解读也就越有价值。为什么要活得长？因为那才能够体验到当老爷爷老奶奶的感受，体验多了才能积累出智慧啊！

Q：世界观和价值观的认知对人非常重要，它们的缺失对人类来说甚至是致命的。也可以说，如果到人生命的尽头你还没有价值观，或者价值观弱小，又或者价值观认知模糊，你的生命就都没有意义。

C：生命很重要，我们为什么不去在乎它呢？很多人没有认真去想这个问题的原因是认知不够。价值观的认知会改变我们的生命动因。很多人说努力去做事让人太痛苦了，其实把努力变成挑战才是幸福。努力是为了追求成功，是在实践成就当中，有了这种认知怎么会痛苦呢？人们认知不到位当然痛苦了。一旦人们意识到是在为了实践自我成就感，或者实践自己的爱好，还会痛苦吗？肯定不会。

人都说要为幸福而奋斗，但要知道为了成就感努力的过程本身就是一种幸福。

我再讲个自身的体验：2006 年的时候，有一天，我的汽车在浦东的世纪大道红绿灯处停了下来，停在我前面的是一辆卡车。卡车上有两个木匠扶着两套家具，面朝我们。其中有一个木匠和我年龄相仿，大概也是 40 岁左右，他长得还有点像我。我坐在奔驰车里看着他，他也看着车窗里的我。

当时的我很有感触，我说我要是不努力的话，今天肯定也会和卡车上的那个木匠一样。我看着他，好像我们认识一样，我可以知道他在想什么；但他看着我，他却不知道我在想什么。就我当时的感想而言，我的奋斗是值得的，因为那个木匠活 500 年，也活不到我对世界的了解、对生活的体验以及对智慧的了解。

后来，我也模拟了一次乔布斯的演讲，还模拟了他经典的一句话："我很清楚唯一使我一直走下去的，就是我做的事情令我钟爱无比。"然后我坐在下面，乔布斯看着我，我看着乔布斯。我当时就想，和乔布斯相比，也许可以说他比我多活了 500 年。

Q：这其实就是对生命的体验。懂得体验生命的人，才拥有生命。

C：体验了，我们才更会懂得，对于生命应当有更高层次、更高境界的精神追求，而非随波逐流，于是生命价值才会永在——我们就真的都是神仙啦！

人有"五种生命"

Q：可能由于对父母深切的怀念，近年来你对生命的课题思考颇多，对生命本质有了许多令人惊异的诠释……

C：人有"五种生命"。但我还是要重申：**生命不光是身体，没有思维就没有生命。**

去年，我看到中央电视台的一则新闻，有一位104岁的老太太学识字，因为她到街上去，上厕所不分男女，只好在外面看到有人进出才能识别——你想，这个老太太虽然活到一百多岁了，但活的只是肉体生命。其实像老太太这样的人现实生活里有很多，之前也讲到过，没有知识、没有文化、没有体验、没有精神价值，就没有真正的生命啊！

由此，我又想到我的母亲和妹妹的一位寄娘①。寄娘是一位很平常的农村妇女，朴实善良，是个好人。前几年她过世，奔丧那天我有重要的事没能去，但内心对其一生却进行了一番回

---

①寄娘，类似于我们通常所说的义母。——编者注

忆与思索：她与母亲年龄相仿，母亲早离世 26 年，但寄娘除了善良一辈子什么都没留下，而母亲作为勤劳的智者，却留给我们后人许多朴素的精神作为"传家宝"，那谁的生命更长？

有一段时间，我请了一位叫小罗的盲人按摩师，不外出时就让他每天来家里给我睡前按摩一个小时。与他有了许多时间的相处，我就开始观察他，感触颇深。我在灯光下享受按摩的时候，盲人的世界却是一片漆黑。盲人有生命，但没有了视觉生命；聋人有生命，但没有听觉生命。一个人如果没有精神世界，也就只有肉体生命。但给我按摩的这位盲人很勤劳，也很会动脑，有智慧。对于一般的盲人世界是黑的，但小罗认为上海的高楼全是彩色的，而且五彩缤纷，比童话世界还要美。可见有了智慧的盲人，依然可以体验到世界的缤纷色彩。

真正的生命，是具有特有的生命形态的。

Q：你曾把生命归结为"五种形态"，就像马斯洛阐述的人的欲望层次一样，是金字塔型的么？

C：我思考有五种"生命形态"，可以把它从低层次向高排列成一座金字塔形式。

一是时间生命，就是我们通常说的年龄。一个人从母亲怀孕、出生（所谓虚岁、实岁就是依此来的）到去世，他的肉体生命也就自然消亡了，往往给这个世界什么痕迹都没留下，自己对世界的感知也很少。有一定的知识，但没有锻炼成智慧，没有感受大一点的成就感，犹如植物，风吹雨打都是被动接受。这种生命是麻木的，最多只能说是寿命。

二是**质量生命**，它往往围绕个体的活法来进行，像一个人到世界来旅游一趟那样，看了、吃了、玩了、乐了，但到达目的地后，也就满足了，满意了，舒适了。其实只是物理意义上解决了衣食住行，自己感受幸福无忧，但其实也仅是这个世界的观光客。

三是**空间生命**、也可以说智慧生命。这个空间，是智慧的空间，体现的是人思维的创造性。智慧越大，生命越长，直至无限。后来我发现星云大师也讲过很有同感的话："时间是上天给我的礼物，时间没有长短，心念一动，可以上天入地，计较时间的长短并没有真实的意义。"工作实践的过程其实是锻炼智慧的过程，而这过程一定使我们的生命延长了。智慧会产生成就，成就感是生命美好的结晶，就会获得精神的飞扬，甚至上升到获得灵魂自由的灵性生命。

四是**信仰生命**。很多人或是出于对生命的眷恋，或是出于对生命的畏惧，他就要寻找某种信仰，以期拉长生命的周期。譬如说佛教让人相信人有来世，把自己现时的生命寄托于转世，寄托于生命的轮回。当然人也需要有信仰生命，有信仰生命就会有寄托。

五是**继承生命**。这有两层意义：一是肉体意义上的上下代血缘继承，是通过细胞基因传承，也就是通俗说的传宗接代，让上一辈的生命延续；二是精神的传承，生命的过程必然会升华出一种精神，它可以成为家族荣耀的传承与再生。

人是智慧的动物、希望的动物、意念的动物，那这五种生命形态如果叠加起来，本身就构成了一个伟大的意念。特别近来我又悟到了一个意志生命，更有意思，留着下一次讨论吧！

意志生命的方程式

Q：我们来接着讲意志生命，之前你谈过想象生命的概念，它是否是你新的修正与超越？

C：过去我发现了一个想象生命，它的原理是对生命和生命的未来充满激情与梦想，从而拉长了生命。但近来我听一位研究孙思邈的学者、著名中医养生专家常海沧先生解读怎样才能活到120岁后，觉得想象生命不否定这个意思在里面，但偏感性了些。如果再加上自信与规划的理性思考，称意志生命则更准确，这也是我对生命形态新的认识。

大家一定还记得有部名为《康熙王朝》的电视剧，其主题歌《向天再借五百年》，我听了就很有感触。这是用激情和梦想在体现生命的想象，反映出想象者旺盛的生命力和对未来热切的追求与向往。

过去，我还想象过自己的前世。我喜欢《三国演义》中的赵子龙，他就是我想象中的前世，他的故事就是我体验前世的办法。现在，我更多地是想象来世。想象今天是公元12012年——

那时的世界也许就是"桃花源"般的地球村，世界大同，大家共同拥有；真正实现"老吾老以及人之老，幼吾幼以及人之幼"；在充分享受青山绿水的大自然的美妙生活中，每天歌舞相伴……

100年以后呢，也许计算机能同人的大脑联网了，通过植入人脑的芯片，人类发出指令，指挥机器人来工作，所有的机器人都能带给你生活上的帮助，而无数的知识也将全部在人脑里随时再现……

尽管只是我的想象，但谁能说这种对生命的想象于当下没有积极的意义呢？所以我下决心在我们上海家居Mall（购物中心）的6层，建了世界上第一个"公元2500体验馆"，我说可以让很多年纪大的人来直观感受一下500年后的生活是怎么回事，让他们来体验500年后的情景。

Q：通过一个载体，帮助人们达到想象生命的境界，关键旨在唤醒过于沉睡在当下的生命本体，对未来的梦想与激情，也才会带来创造的高度。

C：生命追求与事业的追求是完全相通的一个道理，事业的境界也就是生命的境界。但我听了常沧海教授对孙思邈的研究，觉得更要有一个科学的分析和论证。

他说他所理解的孙思邈是一个有着很高的生命高度的大夫，他有八字箴言："人命至重，有贵千金。"他早在唐朝的时候，就已经意识到，人的生命是最重要的，比起财富、权力以及局限的情感，生命应该放在最前面。他对人寿命规划则更见高度。

孙思邈提出了人有条件活到百岁以上，这是一方面；第二个方面就是他自己也深刻地实践了这一个理念，他本人也活到了百岁以上。孙思邈不仅有针对人体的"养生十三法"（如发常梳，目常运，齿常叩，腰常摆等），而且对人事天理都参悟得很深，主张"胆大心小（细），智圆行方……自慎养性"。这些对我们现代人来说，还是非常有意义。放眼看去，人群当中的百岁老人还是凤毛麟角，特别稀少。为什么呢？因为大部分人缺少一个寿命规划。你不知道你自己能不能活到百岁，你到人群中问，问他有可能活到一百岁上，多数人不相信。因为不相信，所以少有这样的高度规划，最终呢，他在那些个其他年龄阶段心里会惴惴不安。

这个规划就是"意志生命"的方程式：**梦想＋自信＋规划＋不断地学习实践＝意志生命。**

Q：常沧海先生说，他这个寿命规划来自于我们现代医学里关于哺乳类动物的寿命情况，就是说人是吃奶长大的哺乳类动物，这类动物的寿命理应等于自己的生长期的 5 倍至 7 倍。人在 25 岁那一年长出了最后一颗牙齿，那颗牙齿叫作智齿也叫作真牙。长那颗牙齿意味着你的身体已经停止生长了。所以说人的生长期就是 25 年，25 乘以 5 等于 125，25 乘以 7 等于 175。从理论上讲，我们每一个人都有条件活到 125 岁至 175 岁，但是没人相信。

C：你希望自己能活到多少岁？你是否认真想过自己要活到多少岁？你的生命规划会极大影响你的生活质量，而关键在于坚定的信念，也就是意志。

所以我一直强调老人必须坚持学习和工作，但工作可以轻松点。60岁后每天工作5小时，70岁每天可以工作四小时，80岁每天可以学习三小时，90岁学习还要干两小时，100岁时也要工作，每天一小时。因为工作实践产生的智慧是日常生活中的5～6倍。

常教授说，他觉得120岁是一种象征，它是一个伟大的目标，它在深情地吸引着每个人。说得真好。这种意志下才会让自己的生活用这种高标准来严要求。

求生是人最大的愿望。古代的帝土几乎个个都迷信炼丹术，千方百计想延年益寿，实际上都是徒劳的。生命的激情、梦想和信念的关系，才是生命的本质关系。人生需要立志向，生命亦如此。

生命需要发动机和燃料，而发动机就是梦想，激情才是燃料，加上理性规划与坚定信念的管理操作，才可能保持生命的蓬勃旺盛、长久不衰。

人是希望的动物，没有梦想，缺乏意志，就会活得恐惧、麻木、虚无缥缈，毫无意义。生命的道理也一样，如果你不决定你要活到 120 岁的话，你可能活到 70 岁的时候就没有力气了，甚至在恐惧下等待死亡了，而恐惧的生命就是负生命。

Q：美国的《生物心理学》杂志曾发表过心理学家杰姆斯·克拉特的一个心理学实验：将一只小白鼠放到池子里，观察在危险情况下小白鼠的行为。后来把小白鼠的胡须（其实是它的探测定位器）剪掉，不一会它就淹死了。因为它没有了方向，就停止了努力，自己结束了生命。其实小白鼠在沉入水底之前就由于绝望，自己杀死了自己。所有动物，在生命彻底绝望的前提下，都会强行终止自己的生命，这就叫"意念自杀"。

C：一位叫马丁·加德纳的科学家认为：在美国 630 万死于癌症的病人中，80% 是被吓死的。人所处的绝境，其实并不是生命的绝境，而是精神的绝境。

世界上最权威的人生论专家培根说："越有钱，越有权，就越痛苦。"为什么？因为越怕失去。人更怕的当然是死亡，恐惧失去生命。其实，谁都没有体验过死亡，也并不懂得死亡，人们有的只是想象死亡的恐惧，而恐惧本身就是一种疾病。

意志生命，就要让每一个有限的生命个体，都释放出无限的生命价值！

学习给我新生命

Q：8年前，你在维也纳"国际组织学习协会第二届全球论坛"上，就曾做过《学习给我新生命》的专题演讲，引起了与会专家学者的强烈反响。作为当时的同行者，我们来聊一聊有关学习的话题，相信又会有新的悟道。

C：为什么我要讲《学习给我新生命》这一话题呢？很简单，生在农村，小木匠出身的我，正是通过学习有了一个全新的人生。当然希望大家和我一样，认识学习的价值，积极学习，热爱学习，不断学习，这才是一个人获得新生命的唯一之路。

尤其在"知识经济"时代，技能、产品的更新换代日益频繁。经济学有"景气周期"的说法，而只有学习才可延长人生的"景气周期"。因为学习就是经验的不断累积。

2005年，我是作为中国民营企业家唯一的代表走上"国际学习型组织论坛"的，虽然我们在学习方面做了许多有益的事，但我真不知从何讲起。

前一天晚上，我躺在床上睡不着，还在想到底要讲什么。忽然，记忆的仓库里出现了一张我 20 多岁时的照片：很年轻，精力很旺盛的年纪，但我见到的自己却是头发蓬乱，套了件有毛领的皮夹克，像个小暴发户，完全没有自己 20 多年后的沉稳气质。

Q：这是一张真实的照片，但估计很多人，即便是你的老朋友也未必能认出你来。你如今的变化确实太大了。当然你现在的形象也是你自己设计的，正如你所言：造势先造形，这个形也包括外貌形、知识形和事情的形。那这些变化的根在哪里？

C：归根到底两个字：学习。学习打开了我心智的大门，改变了我的人生价值观，从而彻底改变了我的人生。我由学习拥有了全新的生命。同样，一个把学习融入生命的人，也一定会获得新的生命。

于是，我第二天的演讲就从这张照片讲起，老外们一下子就听懂了，认识了我，也认识了中国民营企业家的成长之路。

中国民营企业家的成长之路，成功之路，本质上正是一条学习之路。

我是在社会上打拼漂泊了 12 年，尝尽了累、痛、苦、委屈后，到 1994 年才体会到"书中自有黄金屋"和"颜如玉"的道理，才下决心发奋从头学习，在发展中学习，在学习中发展，一步步走到今天。

以前有人问我成功的经验，我的回答是"勤劳＋诚实、实干＋巧干"，现在我则一定回答是"学习型企业"。

Q：学习其实不光是书本知识和技能培训，你说过更重要的是在生活中观察、分析、总结和实践的学习，还能再造人的生命。

C：人的生命，除了时间、年龄这些物理概念外，有更深邃的内涵：生命的质量，折射一个人生命的价值；生命的空间，体现人的思维方式和创造性；生命的信仰，反映人更高层次、更高境界的精神追求——而这些，唯有通过学习才能获得。

还记得我 16 岁那年，从乡下来到城里打工，走马路靠左靠右都弄不清。后来还是我二哥建林带我上街时告诉我，走马路要走右边。因为在乡间走路随便，不要分左右。原来这个也要学习。不学习，是没法生存自立的，甚至连路都走不好。凡事都有它的规律，不学习就没办法掌握它的规律。

我自身的巨大变化，在于灵魂深处发生了一场革命，这场革命的核心就是学习，革命的结果，是文化素质的提升。否则，我的生命就毫无意义。相信只要不断地学习，老天爷都会赋予我们一次次崭新的生命。

要说我现在事业上有点业绩，更归功于学习。我讲过，贺龙当年是"两把菜刀闹革命"，而我创业就靠学习 4 本书打天下：《孙子兵法》的"不战而屈人之兵"给予我营销智慧；《三国演义》的"挟天子令诸侯"教我致力于大品牌的打造；毛泽东的

《实践论》，更使我懂得了"理论联系实际"，从实践中总结理论，再用理论指导实践；而《孙膑兵法》中的"田忌赛马"，让我在困难时变换思维，永不言弃……至今我是读过上千册书了，更体会到书是人一生的经验，百卷书就是 100 个人生理论、实践和战略战术思考的精华。

Q：你的话让我联想起一位专栏作家说的："阅读是人类精神遗产唯一认可的继承方式。不阅读人可以活得很简陋；阅读，可以活得很丰富。时间是有密度的，方法只有通过阅读。"

C：这句话讲得很好。老年人也不应放弃学习。哪怕你活到 90 岁，学习同样可以让你获得新生命。

大家现在都很注重锻炼，其实很多人不知道，除了体育锻炼，还有智力的锻炼。特别是老年人，好像到了这个岁数，大脑该休息了，让身体运动运动，为了健康长寿嘛。但千万不能把自己的大脑给遗忘了，用大脑才是养大脑。人退休了，但大脑千万不能退休。人到了 60 岁，心脏功能和体能都会减弱，所以要退休，过轻松一点的生活。但大脑一定要锻炼，最好的办法就是学习。我建议老年人每天至少要用 1～2 个小时读书学习，并结合适当的工作实践，像健身的功课一样。

少年或青年还要多培养自己的各方面爱好，光一个爱好满足不了，没有这个爱好，就会有那个爱好。有四到五个爱好，情绪、荷尔蒙才有释放的地方，才能成为精神的补充。我有五个爱好：一是工作的体验；二是读书、文化体验；三是研究人，特别是对于人类情感的体验；四是研究养生、运动的体验。五是喜欢吃，美食的体验。当然，这些也都需要学习。

不学习，就没有新的东西进来，思维就不能不断被激活；思维不更新，就会变得迟钝。小时候我们常会听到大脑生锈之说，其实是大脑麻木了，脑神经利用率不高了，新陈代谢少了，指挥系统也会失灵。人的细胞可以再生，但大脑和神经麻木了，就会直接威胁生命。

莫做精神上的"睁眼瞎"

Q：昨天谈的基本是你个人的学习之悟，今天我们聊聊团队学习。记得你说过，团队学习还是一种思维语言的培养。共同语言也是可细分层次的，譬如有生活语言、精神语言，而真正通过导入情境共同学习形成的默契，可谓灵犀语言……

C：学习型团队，就是个人学习与团队学习共融。我现在还发明了一个说法：团队学习与学习成果分享，它是企业文化上的股份制。

这里有一个案例和大家分享：2010 年我与同事一起去了威尼斯一周。我随身带的 5 本书在等飞机和旅途中都看完了。特别是在飞机上，13 个小时的航程因为有书的陪伴我觉得很舒服。其他几位同事只是一起出去看风景和艺术展，却没有看书。这本无可厚非，但问题是看过书的我，再看其他，感觉就不一样了，思考的问题也不同。否则，你可能仅是与静止的景，或者原来的事物，产生一些联想，无法体验到那种深度联想的快感。于是我感到自己的内心世界和他们相比起来丰富了很多。

由此我生出许多感慨：一天不学习，其实眼睛就好像被布蒙住了一天，看不到东西了，或者就是靠记忆，但看到的还是同样的东西。那不就成了精神生活中的睁眼瞎子么！

7 年前我去过法国的卢浮宫，2011 年又去了一趟，尽管看的东西一样，但得到的东西就大不同。因为这 6 年里我学习了。如果两次看到的、得到的感受完全一样，人肯定就没有进步。

哈佛大学有一个著名的理论：人与人之间的差别取决于业余时间，而一个人的命运决定于晚上 8 点～10 点之间。每晚抽出两小时用来阅读、思考，或参加有意义的演讲、讨论，就会发现，人生正在发生改变，坚持数年之后，成功会向你招手。业余时间虽似不起眼的涓涓小溪，但只要加以充分有效的利用，就可以汇成江河大海，成就事业。

Q：80 多岁的李嘉诚，现在又被称为"IT 时代的新资本家"。晚上睡觉前必看半小时新书，是他几十年保持的一个习惯。他说："科技世界深如海，当你懂得一门技艺，并引以为荣，便愈知道深如海，而我根本未到深如海的境界。我只知道别人走快我们几十年，我们现在才起步追，有很多东西要学习。"可惜现在还是有许多人自认为已是饱学之士，无须再学习了；甚至有人谈学色变，逃避学习。

C：许多人没意识到，不学习的影响，工作三年不及一年。学习，就是要像我小时候看到的牛吃草一样，见到草先饱食一顿，有空时再从肚子吐到嘴里，慢慢嚼，不断嚼，不断消化吸收知识。学习，就是要消化知识并吸收进自己面对的事物中。学习会增加4分力：一分上进，一分德，一分心情，一分技能。同时还给人生带来4种修养：文化修养（基础）、艺术修养（才情）、哲学修养（智慧）、品格修养（胸怀）。

不仅我的成长得益于学习，企业、我们团队也完全受益于学习。企业有些问题，不是光靠制度管理能解决的，而我们用团队学习，企业就改变了许多。特别是激发了灵感，产生出无穷的创新力。

一个团队是一只大染缸，光引进人才没用，首先要改变染缸的品质，而改变的最佳途径就是团队学习。彼得·圣吉的"五项修炼"理论中最精彩的也正是这一项。

1994年的时候，我们企业的人力资源基础还很薄弱，企业员工都是一批有实战能力的初中生、高中生，但文化素质不行。于是，我就下决心引进了一批大学生。结果呢？谁都看不起谁。大学生看初中生、高中生文化水平低，是"土包子"；初中生、高中生觉得大学生根本不懂业务，不会赚钱，是"绣花枕头"，彼此不买账，管理陷入了僵局。

那怎么办？最后，我采取的办法就是让大家去学习。我让他们分别结对子，互相学习，交叉学习：初中生、高中生向大学生学文化、学知识；大学生向初中生、高中生学工作一线的业务技术，加上共同交流。结果意想不到的奇妙，通过一段时间的学习后他们通过这一方式，竟然相互之间多了理解，各自的素质能力都得到较大的提升，团队也和谐了。我的企业这个"染缸"就变成了创新和互补的"孵化器"。

Q：这就是团队学习的力量。其实在生活中，一个家庭需要实行团队学习，记得你讲过体会：譬如一个三口之家要看电影，最好是一起看。否则就会少很多共同语言。如果一人看两人不看，或两人看一人不看，很可能会因体验不同而导致争吵。

不仅如此，家庭成员也要一起读书，读同一本书。同一本书，一家人一起阅读，会有更奇特的感受。

C：对。家庭成员也要一起读书，读相同的书。一种书买三本，三人一起读，会有奇特的感受。我现在看到的书，会同样买三本，送给我的好朋友看，这样朋友间就会增加共鸣。学习是要养成习惯的。有一年大年夜，吃饭时我问一位表弟："你今年看了多少书？"他回答我："一本。"我听后大吃一惊，我说"一年至少读 10 本才算读书。"之后我为此进行了一番思考。如果没有读书的习惯，而每天强迫自己去读，一定是很痛苦的。其实读一次往往很吃力、很痛苦，而读 20 次倒反会感觉轻松愉快。

学习其实是可以非常快乐的，有许多方法，这里就先同大家分享我的 7 个快乐学习法，常用此法，会让你更快乐地去学习。

1. 与水平比自己高的人交友。"听君一席话，胜读十年书"，通过愉快、长期的沟通，从中能感悟出新的元素，并将此成为激发全新力量的"因"——这一条已列为我们红星美凯龙企业文化的精髓。

2. 养成多问"为什么"的习惯，在生活中、工作上都要善于探究问题的本质。一边学习，一边总结，包括向反面（失败）案例的学习，甚至身边发生的熟悉的人或事，会更刺激你反省。

3. 在实践中学习。这必然会丰富经历，提升能力。彼得·圣吉说："什么是学习？学习就是在工作中思考，在工作中总结。"毛泽东也说过："读书是学习，使用也是学习，而且是更重要的学习。"有些人书读了很多，但老不成功，关键是没使用，没活用。更要注重在实践中学习，学习中实践；实践中找理论，理论指导实践的循环。缺什么学什么，只学有用的，学习的成果就成了学习的动力。

4. 与书的作者、书中的人物对话。把书当成自己的好朋友，在对话中彼此交流、谈心、欣赏。歌德说过："读一本好书，就是在和高尚的人谈话。"而且它是具有强大的辐射效应的。

5. 即时联想与即时分析。这常常能使人具有发散性思维，举一反三，触类旁通，从而提高创造力、创新力。

6. 运用讲故事、听故事的方法学习。通过案例教学，借他人之鉴；在幽默中享受轻松学习的乐趣。

7. 看有意义的、与工作生活相关的影视作品。这也是学习社会经验、感悟人生阅历、提高自身素质修养的好方法。

学习还能促进人对工作的认真投入，会培养你的紧迫感。人往往由于自身的弱点和习惯，时常会出现神散、模糊记忆等障碍，但学习的过程就是让你凝神、聚焦。

Q：不想做精神上的"睁眼瞎"，唯一之选：注重平时的学习！学习是汲取成功者的智慧，从中掌握面对挫折、失败、困境的技术，把握人生中的大规律，从而成为精神世界的"千里眼"。

我把我的寿命设定为 86 岁

Q：近年来，你对健康、身体、生命等问题思考了许多，其中不乏独到的观点，甚至你说已把自己的寿命"设定在 86 岁"。那今天能否把你"生命管理学"的主要内容同读者分享一下呢？

C：有一次，我当众讲"我把我的寿命设定为 86 岁"，在场者都十分惊诧，干吗要做如此人为的设定呢？他们不知道，这是我的"生命管理学"，其实对大家也可能会有启发和帮助。

首先，我觉得对自己的生命要设定一个目标，至少要有阶段性的目标。人对生命往往会贪得无厌，总想长生不老，结果呢，心态会坏掉。假如把历史的长河比作 100 公里，把人生 100 岁比作 1 公分，那 0.7 公分与 1 公分其实没什么区别，所以不要太计较生命的长度。

人们想长生，其实是怕死，本质是怕，怕鬼其实也是怕死。害怕死亡的心态，就导致人们恐惧未来，那怎么办？自己先设定一个基础年龄，我把自己的生理基础年龄就设定在 86 岁上。要设定 100 岁也可以啊，但心态反而会变得浮躁、焦虑。即便活到了 86 岁，也能再设定第二个阶段嘛。

就像我们培养孩子要有好成绩，但千万不要上来就设定都要 100 分，那会把孩子的心态搞坏，对学习变得紧张、焦虑，甚至厌倦。你先设定 86 分嘛，等他拿到了 86 分，就会觉得再向 90 分、95 分努力也并不困难了。拿到了 95 分的时候，他一定会认为 100 分也并不遥远了。

Q：你这个例子举得非常好，在目标设定上，先追求 86 分比 100 分更现实、科学、理性。对于生命来说，它反而能让人战胜担忧。记得星云大师就讲过："人家常祝福我活到 100 岁，我说不要自找麻烦。"

C：乔布斯生前就说过："死亡是我们每个人共同的终点，从来没有人能够逃脱它，也应该如此。因为死亡就是生命中一个最好的发明。它将旧的清除，以便给新的让路，眼下你是新的，但不久过后的某一天，你慢慢地就成了旧的，被清理掉了。很遗憾变化是如此剧烈，但这相当真实。"

设定了生命倒计时，心理上做好准备，就会更完善自我，反而很坦然、舒服，更会注重生命的宽度。把大脑清空，不再纠结于名利物质，这种平衡心态的"归零意识"，具体说来还有如下一些好处：

第一，人会变得更善良、心态会更宽容。不是有句古话叫"人之将死，其心必善"嘛。

第二，懂得每天都在享受生活，提升了生命的质量。

第三，会更注重朋友、亲情和自身的信誉。我看完那部叫《2012》的灾难片，当时就想，2012年要是真的像电影里表现的那样，世界毁灭了，大多数人都死了，我怎么办？丧失亲情、朋友……情感链断了，留此残生又有何意义？我想如果真有电影那样的情景发生，我会决定与朋友、亲人一起去面对死亡。所以活着一定要更珍惜和在乎亲情、友情，以及生命的美好。

第四，有利于健康，阶段性目标更利于保健，更有效，更有针对性。

第五，学习、实践、工作的生命力会更强，特别对于阶段性业绩的创造有利，开始考虑人生答卷的完成。

第六，可以提前享受子女的孝顺。

Q：其实真正活到了86岁，你对生命的自信一定是翻倍的，因为已经体验了长寿的成就感。

日本佛学大师松原泰道在他最后写的一本书《学习死亡》里这样说："死亡就像不停行走的钟，每一秒都存在，也许这是一本写不完的书，写不完又有什么关系呢？人生总是半途终结的，我们每一天只需尽力做好能做的事，力所不及的事，就交给苍天吧。"

C：活着要开人生的庆功会。像我们18岁有成人礼，结婚要办婚礼，还有生日宴会等。那60岁可以举行一次总结礼，以

总结自己事业；80 岁举行人生礼，来回顾自己的一生，于自己
和他人都很有意义——因为，人生本是庆祝的旅程！

精气神的协调是生命系统

C："精气神"的协调是生命系统。这是我关注中医理论后的心得。

因为中医上的很多道理不光应用在我们的生理上，就是对人生、生活、生命，乃至管理都有很大的借鉴与帮助，它是一种文化。"精、气、神"就是其中核心的东西。我同一位中医朋友徐教授不断交流探讨过这方面的话题，也不妨与大家分享。

古人讲过，天有三宝：星、日、月；地有三宝：风、火、水。所谓"精、气、神"，在人生命活动中的重要作用，可称"生命三宝"。

具体来讲，精是人体内的一切"精微物质"，如肌肉、唾液、精子等；气是人体生理功能的"动力"，人的元气、宗气、卫气等；神是人生命活动的外在表现，是人精神世界的核心，如人的意识思维活动、心智、意志力等，是一种元神，是先天赋予的灵性。

精是生命活动的物质基础，气是生命与自然界沟通的一个

"中介"，而神是前两者的升华，是生命活动的具体精神体现。三者之间具有相互滋生的特质，即精充气足则神全，神旺当然也带动气足精沛。

Q：这也好像一位不知疲倦、永远超越的车手，碰上一辆性能卓越的赛车，同时也要与燃料的关系协调好。

C：是的，一个思维非常活跃，意志力非常强大（即神极强大）的人，特别是年过 50 以后，务必要防止精、气用得太过。思维活动过度、过累，是因为事情急须办而强迫自己去处理么，这样会伤神，损精气而波及身体，造成内在脏腑失调而形成气血生化不足，或血脉不和，或气血淤滞，或痰、湿、热内积生理、病理变化。久而久之就会形成某个脏腑或多个脏腑的疾病。这就必须经过全身治疗和调理，才能让人的精、气、神三者互相协调工作了。

Q：听说有位朋友就多次提醒你，说你是神过于强大的人，也许精、气往往会跟不上神的活动，难以与之配合，此言似有理。

C：是啊！多年来，我的"四好"：好奇、好强、好拼、好胜，就决定了我"神"的状态。而我的勤劳又是上一辈遗传的，一天工作下来其实很累了，但总觉得没干什么大事，到晚上都会有内疚，甚至有罪恶感。

当然，近来通过对"精、气、神"理论的认识与感知，收益良多。我的这种性情，在创业阶段，对得到小的成功被证实是管用的，但我现在悟到，要获取更大的成功，那就要用"精、气、神"的大智慧，来重新修炼自己的性情，譬如说由心胸宽广带来的宽容、仁慈来平衡掉由好争好胜导致的焦躁不安。所谓"常守平常心，平淡看得失、顺逆。常修仁厚之心，有人生大格局，包容、随缘而处。"

Q：你刚才讲平衡很重要，世上万物的生长和存在都讲平衡和协调。天上三宝星日月才构成昼夜循环，让阳光雨露沐浴万物生长；地上三宝风火水才让人丰衣足食，生命生生不息……

C：现在，我们大力推进绿色环保，提倡低碳生活，也都是为了地球的和谐、平衡与协调。所以在此我建议大家，尤其是如今压力过大的都市人群，一定要懂一点关于精、气、神的知识。

平时我们总听到"心有余而力不足"的话，却不知这是缺乏意识与认知的结果；心有障碍则精不通神，神志懒散又气不贯精。

人年轻时意志力强盛，什么都不注意，而到了老年才注重平衡就晚了。况且人在40岁左右时有道坎，要特别当心。所以在这里，我也把一位医生朋友给我的建议奉献给读者：每周务必大休一天，每月连续大休两天，每季连续大休三天。什么叫大休？就是做到彻底放松休息，什么都不做，包括打电话，少会客，逛街等。乌龟为何长寿？它老是蜷缩在龟壳里嘛，叫龟养。**神充分放松后，让精、气自身工作，才能让人体各部分能量得以养护和充实，使人体重新回归成精、气、神相互协调、步调一致的完全健康状态。**

有条件的话，最好每天中午打个盹，半小时却收效甚佳。不同问题要用不同办法解决，像心脏病人就不合适跑步。但年纪大的人应该坚持多走路，腿老化了，血液就流不到全身。平时闲着，可以经常抖脚，这也是一种原地运动的方法。

养神和气靠休息，养精则要靠休息和锻炼。休息以后还要常锻炼，因为血液流动才能给细胞充分的营养，细胞强壮了，才能产生更多的精微物质。血流到哪里，身体的哪个部位就强壮。所谓健康，就是要保健好身上最差的一个器官。

现在，我还把精、气、神的理论用到了企业管理上：**精，就是我们的能力、技术等精微元素；气，则是我们的气质、气度和气势；神，乃是我们的理想、抱负和事业心。一个优秀的管理者，必须是三者齐备，协调到位的。**

Q：精、气、神的平衡协调学说很简单又很深刻。悟到了，完全可以把社会世像与人生沉浮全打通的。

动静相宜与"休息调配"

Q：人都有飞的梦想，当然飞的形态不一定像鸟类。但须知梦想的实现，也要给人体安上"一动一静"两只翅膀。你在给公司管理层编写的《平时经》里，开头就是这两句"平时不休息，就会进医院休息；平时不健身，就会给医生打针。"就足见你对动静的独到体悟。

C：两只翅膀的比喻很形象，飞禽如果只有一只翅膀不就飞不起来了么。

过去我们往往被奋斗拼搏精神所感召，以动为多，却常常忽略了静，变成了一只翅膀。

动与静其实并非矛盾体，它的本质是对立统一的，而且是互相融合、互相作用的。所谓"动中有静，静中有动"，这才是"生命健康的相对论"。

其实过去我也不怎么注重静，不肯休息，但如今感觉生命、身体，完全像企业一样，需要优秀的、甚至卓越的管理，管理不好，生命就会"亏损"，会"破产倒闭"。为此我发明了一个词，叫"休息调配"，动静相宜这才是好管理。

就我而言，如果不安排合理的休息，将来可能 5 年、10 年躺在病床上，那简直无法想象。但如果把那个可能的 5 年、10 年平摊到现在，每年只要多休息 2 周，有可能多换取 20 年。将其"货币化"来算，休息 1 小时多赚 100 万～500 万元，那不就赚大了么？

巴菲特有个投资的定律，三代就能造就世界首富：假设投资 100 万元，如果有 10% 的年增长率，20 年便可得 660 万，相当于本金的 6.6 倍，40 年可得 4500 万，是 45 倍，80 年可得 2037 亿，是 2037 倍；如果有 15% 的年增长率，20 年可得 1600 万，是 16 倍，40 年可得 2.56 亿，是 256 倍，80 年就是 655.36 亿，是 65536 倍。看看，太惊人了吧！

同理，我们把休息调整好，每年复合增长 15%，20 年可赚 15 倍的利润；那多活 20 年，再赚 15 倍，不就多了 225 倍利润了吗！

企业的长期战略、培养好下一代与锻炼、休养好身体，企业才会长青。

Q：这非常有道理，可惜大家过去对动的追求比较普遍，对静的认知有所缺或片面，更没有算过这笔账。

古人讲"静若处子，动若脱兔"：就是说静态时像未出嫁的姑娘那样持重，而一旦动起来，要如脱兔之敏捷。两者是相辅相成、互为作用的。

C：事业的奋斗需要充满激情、永不停息地拼搏的动感；但事业的成功，也需要身心与智慧的修炼。而很大程度上，这种修炼多来自一种豁达的静态。

我的观点是，让那种静态很好地融到动感之中，让动多一些韧性，让生命不那么脆弱。而所谓的静态，其实也是相对的静，大自然里许多我们看起来完全呈现静的形态和物质，实际上都是在我们没观察到的状态下，不断变化、运动、发展着的。

生命健康的相对论，在许多人的认知中都很欠缺。现在在高知人群、精英人群，包括企业家们之中，亚健康已经是普遍现象，英年早逝的现象也屡屡出现。这很可惜，牺牲了生命，也牺牲了事业。

很多人的误区在于他们不知道亚健康也是病。譬如讲，要先休息，再健身，再旅游，再会客，而不是先会客、旅游、健身，不休息。而问题的本质在于他们不懂静的真谛，或者说，就是动静观出了问题。我同中医徐教授多次谈及动静之说，我们聊到过一个很好的例子：

如果说人的生命像一只燃烧的蜂窝煤，那每天是必须定时封煤炉的。使用过蜂球炉的人都有体会，这是在积蓄能量。我小时候睡前常会把炉子封上，煤的燃烧就减少了 20 倍，但它没有熄灭，呈现的就是它的静态。那明天把炉门打开后，它又可以熊熊地燃烧起来。

为什么说不要让身体透支？储蓄本来就少，花得太多、太频繁，就入不敷出了。而透支带来的后果，往往就是把能量全都燃烧尽，把动的翅膀折断了。

Q：世界上没有绝对的静，也无绝对的动。古人讲"磨刀不误砍柴工"，其实磨好刀，不光是不误砍柴的时间，更让砍柴的质量提高了。

C：对此，我本人深有体会。一次登山，我不小心把手臂划了个口子，鲜血涌出。要是换了过去，我会什么都不顾地接着向上爬了，但现在我懂动静关系了，就休息了两个小时。两小时后，我意外地发现，划破的口子已经愈合了。这一点可以肯定了，伤口在休息的状态下，愈合的时间比在运动的情况下要快 10 倍。

西方"能量疗法"专家班·琼森博士说："我们都有个称为'自我治疗'的内建程序，受伤后会再复原。遭受细菌感染时，免疫系统会去对付这些细菌，并且治好。免疫系统就是设计来'自疗'的。"休息也就是根据"自疗"的需要来设置的，来调配你身体的内在资源。

"静"还有一个最大的妙处就是养心。星云大师说："心，是人身上最难管理的一样东西。"心为体，情为用。人常年为七情六欲所围困，就更要调适自身保持一段时间的静态。静方能修身，养心，调养你的精、气、神。所谓祛病三宝，就是：静心、动体、养气；而饮食三宝为均衡、营养和节制，从本质上来说都是一个平衡的学说。

Q：人是一个整体，尤其需要平衡。同时，人又是具有新生能力的，美国的约翰·海格林博士告诉我们："事实上，我们身体的某些部分天天都在更新，有些是几个月，有些则是几年。于是，我们每个人在几年之内就会有一个'全新'的身体。"但这一能力要建立在休息好与运动好的基础上。

C：最后，我还要推荐一个动静结合最佳的项目，那就是散步。你想一下，夜晚在月光的树影里，缓缓地漫步，驱逐一天的繁琐心事，让身心彻底放松，将会给我们带来怎样的益处？

英国剑桥大学的专家研究还表明：走路不仅可促使大脑生成细胞，提高记忆力，使发生混淆的几率大大降低，完成学习和认知任务的能力大大增强，同时对人的心理也大有好处。

还有一个就是快走。最新的《中国居民与营养状况调查》结果显示：正常体重的成年人，若在 11 年内成为超重者，90% 的人年增加体重为 1o8 公斤，意味着每天平均多多摄入了 81 千卡（男）和 61 千卡（女）。这个能量的产生，仅需我们每天多吃一两口米饭，或一两个素饺子。因此专家建议，每天坚持 30 分钟快走，会帮助保持健康体重。

高妙的"摇鱼法"

Q：第一次听你提起"摇鱼"这个词，感觉非常新鲜，好像它关联到人体、生命，甚至管理等，是否今天我们就来谈一谈这个话题？

C：是有很大的联系，"摇鱼"的里面其实有许多哲学的内涵。要具体说清楚这个词，那就得先从人体生理的点来展开。

人的指挥系统是什么？中枢神经。那中枢神经又是什么构成的呢？大脑和脊髓。可很多人往往只注重大脑，却忽略脊髓，而脊髓的健康又与脊椎密切相关。他们认为只要大脑管用就行，只重视补脑，不重视脊椎保养，对脊椎酸、痛、弯、曲，都不那么在乎，这个问题就大了，大脑或脊髓一个出问题，指挥系统照样失灵！

Q：我国前卫生部长钱忠信就讲过："脊髓是百病之源。"可对脊髓往往我们是忽略的。现在你这样说就比较明了，它的问题还会导致精神失常。

C：我曾经就脊髓问题请教过一位张医师，他的方法是扳和压。通过一定的手法，将变形的脊椎矫正。我不懂医，但总觉得这并非最佳的方法，因为它的原理是硬性矫正。

后来，我又结识了一位来自深圳七代中医世家的徐教授，且不说他是获得过"共和国杰出医学专家"称号的中医师及其在医学领域的独特成就，就凭他的"摇鱼"之说，便让我为之心仪。

徐教授认为：人体的骨骼就像一栋房子的框架结构。房屋要坚固耐用，其框架结构一定要端正和坚固。人的骨骼是环环相扣的，但随着人年龄上升和长期不正确的站姿、坐姿、走姿及睡姿，造成骨骼变形，特别是脊椎间产生不同程度的错位。人体内各个部位组织协调的中枢就是脊椎，它是控制所有器官的服务器。脊椎出问题了，其对应的器官和组织就一定有问题。

徐教授七代祖传的"摇鱼法"，是用一手扶住你的腰骶部，另一只手在胸腰椎部（相当于整个脊椎的中部），以掌根用劲顺着脊椎的节律，由轻到重不紧不慢地摇曳。或一手扶着其胸腰椎部，另一只手在其颈胸椎部，用掌根以前法摇曳。最终让你的脊椎得以松懈，让整条脊椎像一条鱼一样地摇动起来。于是你的身体会被摇得很松，很散，把气血和了，把脊髓打通了。不仅腰椎间盘突出等骨髓毛病能纠正、治愈，就如心脏、肾动力等问题，也都可以在享受"摇鱼"中得以改善和强健。

以疏为本的"摇鱼法"的终极目的，就是让脊骨归位，骨髓饱满；化瘀调节，使气血通畅，从而带来全身整体的健康强壮。

我还想了一个方法就是用热水冲脊椎，而且要把水温略调热一些，对准脊椎每次冲 3～10 分钟。其实这两者原理是一样的。身体哪里有酸和痛，或是身体最差处，就用热水冲。

但我特别感兴趣的是"摇鱼"的那个"摇"字，它不是扳，不是压，也不同于推，而且这过程让你非常轻松愉悦。因为它的本质是疏导、疏通。你可以想象一下，这会是怎样的一种感觉。

Q：大禹治水，好就好在疏，而非堵，也就是说不是运用强硬的手段去解决问题。可以想象被"摇"的感觉，是一种舒缓而有节奏的韵律手法。不是还有"扶摇直上"的说法吗。

C："摇"的妙处很多，它会让人产生灵感。如果把"摇"用到管理上，岂不也妙处多多？

"摇"是疏导，是沟通，是顺势而为。在管理上，遇到工作中的问题、员工间的矛盾，如果我们采取类似于"扳和压"的硬性办法去解决，非但解决不到根子上，而且使对方带着消极抵触情绪去执行，效果只会适得其反。那摇多好！在类似摇曳的感觉中，通过疏导，纠正某些差错或失误，让对方轻松地接受你的观点，在积极快乐中解决问题。

Q："摇鱼"的本意是帮助你增加或恢复生命的能量，所以它本身也是一种力，运用到管理或生活中，它就是高妙的"管理力"。

"意识健康"与"意识疗伤"

Q：在研究"九情九欲"的过程中，你提出了一个"意识健康"与"意识疗伤"的概念，非常具有普遍意义与实用价值，何不就此展开聊一下？

C：人的出发点来自意识，心智也是意识。我研究"九情九欲"，目的正是为了帮助自己净化意识，整理心灵。

那什么是健康的意识呢？爱心、真诚、正义、积极、勇敢、善良、豁达、宽容、乐观、责任、事业心、乐于助人、坚持等，都是健康的意识，是正确的、合理的想法和行为的指针。什么又是不健康的意识呢？虚伪、傲慢、妒忌、偏见、悲观、焦虑、愤怒、恐惧、仇恨、贪婪、欲望过度……都是不健康的意识。有的人由于意识有问题，表现出来的行为也就有问题，结果是伤害自己，也伤害他人。还有的人，表面上倒还好，能抑制负意识纠结于行为的副作用，虽然没有伤害他人，但对自己的伤害还是相当大的。

健康意识与不健康意识，会形成一张生命漩涡图，这两种意识像盛了两种不同水质的水的木桶，那种水多了，就会产生漩涡。又像是两种颜色的水，正意识是白的，负意识是黑的。关键在于比例，正负是95％比5％还可以，但如果是70％比30％，问题就严重了，80％比20％也不行，水质和颜色都会变，而且负的总会或多或少地污染到正的。

在意识的抗争中，健康意识是国王，不健康意识是魔王，我们的注意力必须集中到"国王"身上，你在生活中就会活得像"国王"；否则"魔王"占了上风，你就会活得像个"魔王"。可往往负意识是活跃派，正意识是沉睡派，因此意识疗伤的任务就是让正能量觉醒，通过健康的漩涡把毒素排出。正能量不用就会枯竭，漩涡就会报复你，那就要付出被淹没的代价。

Q：今天，整个社会变化快、信息爆炸、竞争激烈。竞争固然在一定程度上促进了经济发展，激发了人的潜在能力，但同时又使人们活得更累、更辛苦。

C：是啊，财富得到了，事业得到了，名声得到了，但轻松的心态却会失去，相应的自由也会失去，而孜孜以求的幸福依然遥不可及。一个人得到越多，负担也就越重，对得而复失的恐惧也越强烈，甚至反而变得更虚空。欲望不一定都要去满足，一旦满足了，马上又会有新的更多的欲望产生，欲望越多越想，越有越要，满足了第一步，马上会有第二步而且是原先欲望的倍数。所以欲望是永远得不到满足的，因为它是无穷无尽。所以，现代人的内心正是在物欲纵容下变得愈来愈扭曲，这本质也是一种"情绪饥饿"的现象。

生活中，人们对缺乏食物的饥饿易于觉察，一旦肚子饿了，及时进食，饥饿的状态便会很快消除。但人们心灵空虚、百无聊赖、精神不振的不健康状态却不易消除，更难以摆脱，这可以称为"情绪饥饿"的精神病症，当然，也是"健康意识营养缺失"的不良症。

Q：但首先是要自我认知。情商之父丹尼尔·戈尔曼说过："不了解自身真实感受的人，必定沦为感觉的奴隶。"情绪管理一定是建立在自我认知的基础上，包括自我的救助。

C：我们每天要跟不同的人打交道，要面临各种不同的事情，这会导致我们身体、心灵发生变化。复杂世事的纠结，加上不切实际的空想，必然会导致内心的焦灼，甚至情绪的紊乱。这里我特别要提出两种"脱节现象"，它们在目前的年轻人群中表现得尤为突出。

这两种现象一个是思想与实际的脱节，另一个是行为与现实的脱节，或者说这两者混合脱节。而带来的结果就是不切实际，好高骛远。明明能力只够做基层，却每天都在想当总经理，这种不合理的想法一旦形成，就造成了意识上的错位和失调，但很多人根本没有认识到它将对自己的精神、甚至身体造成严重伤害。意识的不健康最伤的是我们的"神"。

"神"在中医里是一个至高无上的名词，它藏在"心"里面。我们说养生，最终的目的就是养神，只要神养好了，不管身体、生活处于一个什么样的境况，我们都能感受到生活的幸福，拥有无可匹敌的生命质量。《黄帝内经》中说"得神者昌，失神者亡"。其实这个"神"，就是意识。

一个人如果意识健康，心胸宽广，则气血调和，脏腑功能协调，正气充足，表现出来的感觉就是精神饱满；反过来，那些意识不健康之人，往往心胸狭窄，体内气血的循行方向很容易被打乱，气血一旦失调就会引发各种问题。

譬如说贪官，表面上要装得无私、大度、奉献，意识里却充斥着自私、贪婪这些不健康的因素，即使眼下还没被纪检部门发现，但自己的内心肯定是不宁的，同样身体也不会好到哪里去，因为他总担心被发现。自己给自己制造了恐惧，况且是违背道德与法律的双重恐惧，很容易导致体内气血凝滞而引发各种疾病，甚至严重的肿瘤疾病。

人的欲望是无穷无尽的。但健康的意识是：在某一具体时间里，欲望要有重点，主次分明。一个欲望实现的同时，往往也会附带获得另一些欲望的满足，同时也必须学会放弃另一些欲望。

意识是法律真空地带，只有建立健康的个人意识自律的法律，才是真正地对自己行善。所以我们说必须强化正意识，从而减弱、消解生活中的负意识，达到养身养心之功效。宗教里好多积极的东西如反省、忏悔、行善、放下等，也正是为了帮助你培养健康的意识。还要学会宽恕自己、宽恕他人。所谓"太阳光大，父母恩大，君子量大，小人气大"。

忏悔也是调整意识健康的必要手段，因为每个人的人生中都会有或多或少令自己追悔的事，比如我至今还始终不能忘记读小学时发生过的一件事：记得那是很炎热的夏天，我和另外三个同学放学回家，路上看到许多小朋友都在挤着卖冰棍，当然我们也非常想马上吃到冰凉凉的冰棍，但口袋里摸来摸去，只有我有一毛钱，可一根冰棍就要五分钱，有四个人怎么办呢？小小的我当时竟灵机一动，把这仅有的一毛钱撕成两半，然后分别叠成个三角形，我先挤进冰棍摊去买一根，居然还找回了五分。我又指挥另一个同学就效仿我，拿了叠好的那个半毛钱买回一根冰棍，又找回五分钱，然后顺理成章两个五分再买来两根冰棍。我在同学们佩服的眼光下，美滋滋地吃着冰棍回家了。没想到的是，还没天黑，父亲突然从门外气冲冲赶回来劈头就给我一顿打。原来是其中一位同学回家泄了密，同学的家长又告诉了我的父亲。记得当时父亲脸都气得铁青，打完了，就抓着我去村上卖冰棍的人家退钱赔罪。回来的路上，父亲说你这个小聪明太不道德了，回家还要收拾我，我吓得挣脱了就跑，一直爬到一棵大树上，夜深了才偷偷钻进家门，结果最后还是被罚一个夏天不得吃冰棍。现在回想起来，这应该是我人生中最愧疚的一件事,而且至今无法抹去,但它成了我培养健康意识的反射镜,常常会提醒我通过忏悔而净化。

意识健康的基础是心静。有一个故事:父亲丢了块表,他抱怨着四处寻找,可找了半天也找不到。等他出去了,儿子悄悄进屋,不一会就找到了表。父亲问:"怎么找到的?"儿子说:"我就安静地坐着,一会就听到滴滴答答的声音,表就找到了。"可见,在这个世界上,我们越是焦躁地寻找,越是找不到自己想要的,只有平静下来,才能听到内心的声音。

Q:人意识里不健康的东西其实有许多,譬如说嫉妒,巴尔扎克就指出:"嫉妒者受到的痛苦比任何人遭受的痛苦更大,自己的不幸和别人的幸福都使他痛苦万分。"这就是意识受伤,那又如何来进行"意识疗伤"呢?

C:"解铃还需系铃人","意识疗伤"还得靠健康的意识。我认为可以先建立一个个人的健康意识坐标系:基础是正视现实,纵向的切合现实分析自己能力的长短,即自身的强项与弱项;再以目标为前提,判断自身发展中需要或不需要的东西;然后再看横向的,有哪些可对应的资源。在这样科学、理性的坐标上思考,并且把它们认真地写下来,你才能培养出健康的意识。应该是用理性的习惯写下自己该做什么,该放弃什么;仇恨的好处在哪里,坏处在哪里。

有了健康的意识,就会有定力。在崎岖的人生道路上颠簸,定力不好的人会感到恶心，难以承受。而定力好的人，就不会在盲目的占有与攀比中消耗生命。真正珍惜生命的人，首先应该懂得享受自然，使心灵获得更大的自由、更多的空间。

再一个就是用人性中爱的美德，以爱和付出来克服占有的私欲。只有爱是不会给人带来任何副作用的营养剂，它是智慧的外延。因为真爱的自信与坦然，足以治疗人心中那种想要占据一切的邪恶，自我就解放了，由自我为中心的自私就不复存在。

当然，假如你失恋了，陷在痛不欲生中难以自拔，一开始你可先用"恨"来疗伤，否则刻骨铭心的感情怎么了断？许多人用新的爱去结束旧爱，那会带来太草率、对彼此都不负责的结果。恨像一把钢刀，可以斩断身心俱伤的痛苦情丝，帮助你尽快从自尊受挫的荆棘里冲杀出来。不过，当你受伤的心灵逐渐平复下来，真正平静下来后，这个恨就必须转化成恩和情，让原有的爱完成净化与升华，这才能保持你意识的健康。

Q：你这个分析很有道理，就像戒酒先得恨酒一样。开头我们还聊到"情绪饥饿"，其实也是不健康意识会趁虚而入的源头。

C：人一旦没有志趣、爱好和追求，活力会一天天丧失，情感会一天天麻木，意识自然不会健康，烦恼和疾病就会缠身。那该怎么办？如何让情绪充盈饱满，成为健康意识的坚实基础？这就如同要去除旷野的杂草，先得种满庄稼的道理一样。特别明显不好的东西不要去碰，像杂草那样杂的人、杂的事、杂的景全要去除。正如星云大师所言："所谓'宁静致远'，唯有在宁静中不乱看，不乱听，不乱说，我们才能找回自己，增长智慧，见人所未见，听人所未听，说人所未说。"另一次他又说："不当看的不看，否则会看出烦恼来；不当听的不听，否则会听出痛苦来；不当问的不问，否则会问出是非来；不当做的不做，否则会做出问题来。" 这些话看似平实，却是人生箴言。

而培养健康意识的庄稼则是：多想多做有意义的事；培养兴趣爱好，多欣赏经典的名乐、名剧、名著；用爱去体验生活中的人和事；运动、锻炼、旅游，在生理上提升心理的免疫力，防止或清除不健康意识的侵入；多交积极向上、意识健康的朋友。星云大师对此还讲过："观念就像播种，种了什么样的种子，就结什么样的果。好的观念能够成功致富，成圣成贤；坏的观念只会沉沦堕落，邪恶如魔。"他说的观念其实就是意识。

我有位中央电视台的主持人朋友，她聪明真有如宇宙的直觉，却又像恐龙那样简单。有次聊天，她忽然对我说："意识健康人才健康，意识健康人才幸福。"这使我顿感共鸣，尤其感受到，她那种思维方式，本身就是意识健康的构成。

种进好的意识，坏的意识就少了。阳光照进屋子，黑暗就自然消失。

梦境与空间生命的体验

Q：一部美国人拍的电影《盗梦空间》，居然又让梦成为全球性的热门话题。其实过去你也时常说梦，在此不妨把梦作为生命体验的一种，来讨论一下。

C：杜鲁门·卡波特说："梦是心灵的思想，是我们的秘密真情。"梦当然可以体验了，它是空间生命的一种体验。

有一次，我就在梦里体验到了死亡。可惜具体的梦境已经记不太清了，好像是突然不小心从山上掉了下来，反正觉得自己是死了一回。但那天早晨醒来的感觉，至今仍印象很深，那是一种异乎寻常的兴奋感，觉得自己非常的幸福。因为那是梦，而我在现实生活里健康地活着。由此我觉得更要珍惜生命。

奇怪的是，过去对死亡的恐惧感也从此消失了，代之而来的是心胸的开阔与宽容，好像什么烦恼都想开了，什么事物全可以包容了，唯一对自己的要求就是，多做好事，多锻炼身体。

在梦的空间里的死亡体验，对现实生命有如此积极的意义，非常值得研究。

后来我找到了知音——《别为小事抓狂》的作者理查德·卡尔森博士在书中说："想象你去参加自己的葬礼，可以让你在活着的时候，提早回顾自己的一生，在还有机会补救的时候做一点改变。"他说的是想象，而梦境则更情境化，也更具感染力。所以我认为，如果人每年都能在梦境中死去一个夜晚，然后又再生，其实这是最好的生命体验，也是最佳的"心态兵法"。

Q：弗洛伊德认为，梦是潜意识欲望的满足，而潜意识像藏在水下的大面积的冰山。露出水面的冰山一角，那只是意识。

C：管理我们现实生活的只是表意识，但表意识随着白天进入的情境，到了晚上我们睡眠时，它就会唤醒潜意识。也可以说，表意识影响潜意识，表意识决定潜意识。

梦是潜意识的作品，特别是它能将人内心最隐秘的东西浮现出来，让你自己看到，体验到。它最大的价值在于，让你多一种视角，或从另一种视角发现自己。

平常我们总讲到梦想，其实梦想与梦是两码事，有质的区别。梦想还是受人意识支配的理想，是幻想层面的向往，它可以规划潜意识。梦则完全是人潜意识里天马行空的情景再现。人的肉身，只是那一刻灵魂的载体。我喜欢把它称为梦境生活。

Q：梦境生活，它可以让你体验各种不同的人生。有位艺术家说过，做演员最大的好处，就是一辈子能够过无数次不同的人生。所以好莱坞被称作"梦工厂"。

C：演出就是体验，梦是自己在潜意识里演给自己看。好像没有逻辑，但它是空间生命的逻辑。

空间生命是时间生命的 10～20 倍，是人的另一种生命。有时我还会冒出一个奇怪的想法：时间生命是可以设置的。这可能缘于我的手机老出问题，往往关机后再开机，手机上的时间就变成了 2037 年的某月某日，我不就活在未来了吗？

有人说，其实时间不是绝对的，是人类大脑的产物，动物就未必有时间感嘛。但时间与大脑里流动的意识密切相关，与空间密切相关。不同的生命，会感知到空间的不同维度。

白天，脚踏实地与现实；夜晚，自由畅游与梦境。通过梦，我们可以体验到不同的生活，甚至人生。同样，我们一旦在梦境的时间里去体验空间生命，这是梦境生命，不也就完全可以体验活更长的感觉吗？

梦是可以利用的能量

C：有资料表明，人的一生约有 6 年的时间在做梦，梦的总量会有 10 万个以上。而且梦不仅对人体的健康有积极作用，给艺术、科学的创造，也能带来无数灵感，足见梦对于人的影响之大。因此我们在重视梦、研究梦的同时，更要懂得利用梦。

Q：我们说潜能，就是潜意识的能力开发与发挥，这过程中，梦起到很大的作用。

C：梦对人生的作用其实无处不在，有的是推进，有的是醒示，有的甚至是点石成金的启悟。我们要规划潜意识，应用潜意识来改善做事的成果，改善我们的日常生活，当然就要重视梦的能量。

有部叫《永无止境》的电影，讲一位职场的年轻人吃了一种药，使他的大脑功能达到绝对理想的工作效率，并且还向大脑记忆中枢输入最基础的学科资源，释放出积累过的被动知识。这种药让人集中注意力，做事敏捷，甚至与人交往极具魅力，堪称大脑的"伟哥"。

这部片子还有个译名《药命效应》，其实影片内容本身也是一个梦，更是一个愿望。一颗神奇小药丸，可以让人成为下一个股神巴菲特，尽管夸张，但意义在用于人们用积极心态去寻找"永无止境"的能量。

梦转化为现实的案例在现实中也不乏存在。意大利著名的小提琴家塔蒂尼的传世之作《魔鬼的颤音》，据说就是他在1913年某个晚上的梦中所获。塔蒂尼在梦里用自己的灵魂与魔鬼交换了一把小提琴，魔鬼就让他听了一段世界上最美妙的颤音。激动得从梦中突然醒来的塔蒂尼，凭记忆拉出了这首曲子。这应该正是梦境所产生的能量。

Q：这类例子还有很多，缝纫机的发明者，也是在梦里见到一个带孔的针尖，才解决了久思未解的穿线难题。

C：梦每人都做，但你要善用才会变成正能量。

譬如说借用梦来做亲情追思的体验。我的父母离开我许多年了，每当思念，沉重的心情里好像概念多于感性。但梦境就能带我回到过去，回到我的童年、少年、青年时代，父母就在身边指点着我……这种感觉，才让我活生生地体验到作为第一代创业者的父母，他们人生虽短，但价值巨大，还在不断催发我的成长。我每年有三四次在这样的梦境中体验，母亲的形象就如同始终在身边。

梦境还有人生警示的能量。在梦中遇到了一次车祸，那白天你开车就必定会加倍小心。梦中感到身体的某个部位不适，第二天醒来你就会考虑去医院体检，或开始注意锻炼。假如梦到失火，那你必定会立即去加强安全防范的措施……由此让你避免许多不该发生的过失。

梦里的一些场景，往往可以被当成某项创新前的预演，借潜意识找到研发的素材和启发。白天发生的很重要的事，或者解决不了的问题，你睡前可以一直思考，再想办法做梦，把它们带到梦境中去，会有意想不到的关联，它往往会是灵感的"引桥"。

我们上海环球家居设计博览中心的"云梯"，其实是由我的一个梦催生的。现在还记得，我在梦中看到，无数的顾客都在拼命往一个很长、很长，仿佛通往天空的楼梯上挤。但许多人已经气喘吁吁体力不支，甚至倒在地上往上爬了，我大声呼叫却无人应接。当时我紧张得浑身是汗，被吓醒了。但醒来我就下决心建造了这条被称为"世界最长"的家居商场自动扶梯，从一楼直达五楼的逛店体验，深受诸多顾客好评。

Q：有人说，梦是一个大剧场，布置、剧本、演员和观众都是你自己，而且能够演绎出无数不同的剧情。这就是梦的奇妙之处，也是梦能提供可利用能量的巨大资源所在。

C：有的人一醒来，就把梦忘记了。或者记得一点，认为无用也很快把它放弃了。其实能记得的梦境，是没有理由把它轻易放弃的，而应潜心思索、推敲和体验。

梦不是理论，也非抽象的概念，它是情境，一种场景非常丰富，立体式的，甚至像电视连续剧那样的情节空间，你可以从中找到你需要利用的能量。

学会体验梦境，不是白日做梦，而是生命的另一种经历，恰恰是活在当下。

第二章

将『七情』升级为『九情』

九情之喜：调节情绪的"百搭"

Q：喜，大家知道，就是高兴，快乐。但问题是很多人并不知道，喜从何来，如何能喜，又怎样善用喜。

C：喜的关键在于心态。**积极心态是喜的根本，也就是说喜的原动力，来自我们讲的光明思维。**而且这种光明思维会引导我们开发出许多快乐的方法。

中央电视台曾播放过一期李咏主持的专题节目，被访主角是位残疾人，但她上网，开网店，不仅化解情绪，还很快乐。由此我感悟到："喜"是调节情绪的"百搭"，"乐"是情绪的营养剂。

美国著名的商务顾问和激发演说家苏姗·福特·柯林斯女士在经历了离婚、被解雇等带来的"无限迷茫"之后，仍以积极的心态面对社会，以微笑参与生活，后来完成了一本名为《成功的快乐方程式》的励志读物，并且成为美国运通公司、IBM（国际商业机器公司）、CNN（美国有线电视新闻网）等著名大公司员工的激励手册。

喜的外在体现就是笑。笑是积极心态的展示。

Q：从医学上看，笑是心理和生理健康的标志，它能消除神经和精神的紧张，使大脑皮层得以休息，让肌肉放松。

C：笑还是最好的美容保健，它不仅锻炼面部肌肉，更帮助人体内脏的肌肉运动。南怀瑾先生就讲过这种吐气的方式。再像"阿门"、"阿弥陀佛"、"啊哟"等发音，包括小孩喊"妈妈"，其实都是借此吐出废气。痛苦时"啊哟"一声还可减少疼痛。我们捧腹大笑，更大大强化了腹部呼吸，增加元气、排出废气，同时加快血液循环，促进了五脏六腑的运动与全身的新陈代谢。朗朗笑声对呼吸系统也有良好的作用。

最近，《营养百科》还特别指出："笑是一种健身运动，笑能宣发废气，消除疲劳恢复体力。笑还能让肺吸入足量清气呼出浊气，加速血脉运行，使心扉气血调和。

可惜我发现，现在好多女孩都不大肯笑，原因据说是怕多笑笑出了皱纹，又怕肚皮笑大。其实这是完全错误的。除了上面讲到的笑的好处，再加上风趣幽默的语言，人际交往时的亲和力也会大不一样，人总是喜欢看到笑脸的嘛。笑是情商的工具，又与智商是成正比的。所以你一定要服从自己内心的需要，而千万别把这一积极心态的展示给废掉，变成"冰美人"。

Q：喜要善于表达出来，有个成语叫"喜上眉梢"。高兴了，还要在眉目间展现，这样才能去解怒、哀、忧、悲。

C：喜的表达其实还在心态上，心态会影响你的外表。自身的涵养是喜的基础，因此我们做人一定要正直，要诚实，还要善良。所谓"相由心生"，久而久之我们的脸会呈现祥和舒适。

你的价值观是什么，就会长成一张怎样价值观的脸。脸和心是联系在一起的，装不像的，不要认为谁有能力能够装像。你看影视剧中有些反面太监的脸，就是阴阳怪气的，因为他就是心里想的和说的不一样。心里想着坏的事情，脸也长成一张坏的脸；心里想着畸形的东西，慢慢地长成一张畸形的脸。我们在想什么，慢慢地我们的脸就会长成什么样，这也是成正比的。释放、舒展不透，就会像我们俗话讲的"阴司鬼"，这就叫归因于内。

笑是一种能力，喜更是一种创造快乐的能力。譬如说平时我们要善于挑好的事情回忆，如回忆不出高兴的事情，那就用意识键来消除它。还可以用喜来战胜苦，变成先苦后甜。

这个喜要利用好，不仅自己喜了，还要传播给别人，感染对方也同你一样喜，那这种喜悦又会反弹给你，不仅提升了喜的质量，还会产生出更强大的快乐的力量。

我是一向比较喜欢笑的。现在大家常看到我笑，以为我是成功了开心，殊不知，笑才是我创业初期的武器。早年我什么都没有呀，没有资金，没有实力，没有关系，没有人才……但笑是我拥有的能力，为何不用呢？于是我就努力多笑嘛，真诚地笑，笑得让客户觉得很放心，让员工深受感染，让自己也变得很自信——其实就是心态的外化吧。所以我觉得开会除外，每天要有三小时以上都是笑容。特别要学会幽默，它是喜的最高境界，我现在每天要同员工或家人讨论两个以上幽默的话题，每周听朋友讲二次幽默的趣事，愉快中又提升了人的智慧与涵养。

Q：生理学家巴甫洛夫说："愉快可以使你对生命的每一次跳动，对生活的每一印象易于感受，不管躯体和精神上的愉快都是如此，可以使身体发展，身体强健。"

C：虽然中医讲不能过喜，喜则气散，但我还是感觉喜的正能量太强大了，所以喜还是要积极地把它表达出来才好。因为喜是积极心态，满腔热忱，激情与兴奋会让细胞活跃，成为高智商、高情商的孵化器。喜的互动又会产生"心流"，心灵的高潮就形成了智慧的"气场"。

九情之怒：心灵不能变成焦土

Q：较之喜，怒该算它的对立面了。我们分析怒，关键是把它当作一种元素，如何合理节制、协调好。

C：中医学说怒伤肝。

怒，是最具杀伤力的情绪，不仅有负面影响，对事情的处理不利，解决不了问题，失去很多好的机会，对自己身心也极有伤害。甚至还会引发犯罪，其导致的行为和后果不堪设想。所以说"冲动是魔鬼"嘛。

人一生气，就会动怒，也就是我们通俗讲的"发火"，往往会"闯祸"。你想，怒气一旦变成火多么可怕，如果不加以抑制，它会把我们的心灵烧成一片焦土。

虎门销烟的那位林则徐家中墙上就常年挂着写有"制怒"二字的横匾，由此来告诫自己要尽量减少发怒的几率。但我们不仅要减少发怒，更要分析怒的根源。

那为什么人会发怒呢？你的行动受到限制，或他人对你的刺激和伤害，都会成为怒的导火索，使你的情绪不同程度的失控，甚至会出现精神失常、心理偏失与行为过激。其实，发怒是用别人的错误惩罚自己。

Q："怒则气上，伤及肝而出现闷闷不乐、烦躁易怒、头昏目眩。"古人对怒的情绪其实一直视为大忌。

C：人发怒时，交感神经兴奋性一定增强，使心率加快，血压升高，所以会有一些高血压或心脏病人在一怒之下猝死。同时发怒还会影响到人体的腺体分泌和生理功能的紊乱。

这里讲一位"火老板"的真实故事：

有位企业的老总，已经50多岁了，但还很有拼劲，能力也强，唯一的缺点就是爱发火。可他自己根本不承认这是缺点，反而还觉得自己这辈子的成功，就是靠了这脾气。所以他非但从不克制，而且每天都要发几次火。不管是在下属、员工、家人面前，还是因为社会上的事，也不管什么地点场合，反正只要有看不顺眼的事都会发怒，甚至同客户谈不拢也要大骂一通。他的外号就叫"火老板"。

终于有一天，"火老板"因为发怒伤肝，住进了医院。可在医院里，他还是要发脾气，同医生吵，同护士吵，吵得大家怕他，只能让他提前出院了。

可就在出院的那天早晨，他急匆匆返回病房取一件遗忘的东西，在楼梯口不当心撞了一位老者，他以为老者要发怒了，可老者面带微笑地望着他。

"火老板"很惊异，想问您怎么不发火呢。老者大概看出了他的心思，说："你肯定有急事，快走吧。""火老板"很不好意思，讨好地搭讪道："您多大岁数啦？"

老者含笑答道："91啦！"

这一刻，"火老板"顿悟：老者之所以如此健朗长寿，可以看出唯一的秘诀就是心态啊！从此，他再也不那么易怒了，也不再经常发火了，所有的人都觉得他完全变了一个人。

Q：这是个好故事，从中可以读出制怒的二字真经，就是宽容。

C：佛家所言：让这颗"心"成为"奴隶"，或者置心于奴隶之下的状态，就是"怒"；如果让这颗心处于"如"，如不动之当下，即不会发怒，而行之仁"恕"了。

当然，怒在一定的程度上，也是一种必要的宣泄，它可以化解人的郁闷之气，达到心理情结的平衡，关键在于你如何把握、调节。经常哀、忧的人，发几次怒会有好处，怒的时间也可持续长一些，但不宜超过一小时以上。特别对于那些没有火气或纠结、抑郁太久的人，怒则可激发他的阳刚之气。**必要的事情，我觉得真要怒，起码要达到9分，不然会不透，怒7分没有个性。确遇大事甚至应把怒发到12分，它也会增加大智慧和力量。**

譬如说，岳飞的"怒发冲冠"，他是为民族和正义而怒，为千古传颂。怒得有理由，有价值。这就是怒的正作用。

"怒"还是真正天才儿童的征兆之一。电视上曾播过一个少年音乐家的故事，就是这孩子具有征服的怒火。心理学家艾伦·温纳（Allen Weiner）说："有些人不喜欢'怒火'这个字眼，因为没有人会聊到怒火，但我很喜欢，因为它真的捕捉到那种强度。"由此我想，天才成功的因素中也有愤怒的功劳，否则面对灵感只有麻木。

怒有时也是威严的象征，是一种气质，某些场合也需要某种霸气，否则镇不住人。但怒不控制也是会让人变笨的，火冲上大脑，大脑就缺氧，一片空白，就会失去思考能力和分析能力。失去了理智，也就丧失了智慧。

还是星大师说得好："一个人的涵养不在心平气和气，而在心浮气躁时；一个人的理性不在水平浪静时，而在众生喧哗时。"所以最可怕的还是莫名之怒，就是"无名火"，那最伤人伤己。如果是这样，你的心灵必会烧成焦土。

九情之哀：尽快走出无边沼泽

Q：鲁迅先生对阿Q现象，曾讲过"怒其不争"，前面还有一句就是"哀其不幸"，那"哀"究竟是何物呢？

C：常言道，得到所爱就是乐，失去所爱就是哀。**哀比较复杂，它由一种伤痛造成，有悲的成分，也有忧的成分，但又不尽然。它属无奈、沮丧和极度低落的状态，又并非全是。**总之它像一片驱散不开的阴霾，总是罩在你的心头，好像让你陷入了无边的沼泽。

哀和悲其实大多数情况下，是我们无法避免的，是被动的。两者还往往连在一起，这估计也是悲哀一词的来由。譬如亲人离去，譬如个人情感或事业上受到重大打击或创伤。

但悲的程度更甚，却也去得快。不幸的事情发生了，悲伤不可能没有，但主观能化解。

难处理的是哀，它是心态，它是一种负情绪链，会无限制地延伸，会没完没了，最后会让你丧失自我，无法振作，让你沉在里面而不可自拔。

Q：哀的情绪如果处理不好，是会造成心理疾病的，必须用积极心态去对付哀。

C：有的人长期在哀的心境里走不出来，问题就严重了。哀太过，往往通过耗伤肺气而涉及心、肝、脾等多脏器的病变，使气消减，精神萎靡不振和懒惰等。但这种状态，别人很难帮助你，只有靠自己化解。

给大家讲一个正面的案例吧！

旅德摄影艺术家王小慧，现在在业界已经很知名了。二十几年前，她的丈夫在一次意外的车祸中不幸去世了。他们原本是一对恩爱的夫妻，同时还是事业的伙伴与知音，丈夫突然离世带来的无尽痛苦与悲伤，对孤身一人在海外的女子来说，其压力和无助可想而知。

但是，工小慧并没有让自己完全沉浸在哀的氛围里，而是把全部的情感与精力，都放到了钟爱的艺术创作上，更努力用心地创作出大量的作品，在艺术上也有了全新的突破。

这是多么可贵的一种心态与毅力。**把身心交付给钟爱的事业，达到忘我境地，是走出哀的沼泽地之最佳疗法。**

Q：我们也可以发现，艺术和文化娱乐活动对于哀心态的治疗，是有一定功效的。有鉴于此，不妨多看看画展，多听听音乐，它们都是你走出沼泽的助力器。

C：当然这里我还要给读者朋友推荐另外 5 种疗法：

感染法：尽量寻找快乐的事情来感染自身，以化解哀的情绪，特别是多与快乐的人沟通。

转移法：努力让自己感兴趣的事物来转移哀的缠绕。

旅游法：变换一个情境，特别是在大自然的拥抱中进行自我调节。

运动法：通过有益身心的运动锻炼，包括体力劳动，把哀拖出来消灭。

第五是必要时也可以发怒，遇到事实事求是地发怒，可对冲哀。

总之必须尽快尽早走出哀的沼泽，否则将会陷入更深更长的哀。

九情之忧：伪幸福的牺牲品

Q：忧，应该是怎样的一种情景？它比较哀区别何在？目前忧的状态的确比较普遍，或轻或重，几乎人皆有之。

C：忧比哀的程度要轻得多。简而言之，就是担心、忧虑，也就是思虑太多而无法解脱。但如果不能及时调整好，人会思绪无法集中，变成神经质，甚至精神分裂，也必将发展成哀。

尽管现在社会发展和经济增长都很快，人们的生活水平也在不断提升，但事实却如许多学者都提问的："为什么很多人不快乐，不幸福？"

Q：有的人是不是特别善忧啊？古时候那个杞人不是天天都在担心天会掉下来吗？

C：现在都市人压力过大，心气又过高，由虑导致伤精、伤神的亚健康现状已经普遍存在。

《观察》中发现：中国人上电梯就总急忙要按关门键，虽然差几秒门就会自动关上；过马路时，总有人等不及要闯红灯；刚打开电脑，就急得拼命敲打键盘……有人说这是争分夺秒，加快节奏，其实这就是一种典型的焦虑症。为何焦虑？成了"房奴"、"车奴"，能不焦虑吗？因此现在许多大都市的幸福指数调查，都成了伪幸福。

忧其实来自对未来，或未发生事件的畏惧，属于一种焦灼的情绪状态。 对许多事情觉得自己把握不了，但又无法放弃，于是整天忧心忡忡，焦躁不安，在内心的徘徊中深感压抑、苦闷。

Q：所以很大程度上说，"忧"是导致你成为伪幸福牺牲品的直接根源。

C：忧必然发展成虑，虑还会发展成恐，担心到最后，就变成可怕嘛。但这背后一个核心的问题，其实是虚荣心、攀比心在作祟。有人说，中国人追求的其实不是幸福，而是比别人幸福。人之所以活得累，是因为放不下架子，撕不开面子，解不开情结。无法直面自己的得失，化解诸多心结，当然就多虑。

还有一个词叫思虑，说明虑是想出来的么，也印证了古人所讲的"世上本无事，庸人自扰之"。如果生活中让我们忧虑的事情太多，你一定要想办法了解到事实的真相。因为预计到了结果，你也许反而没那么犯愁了。

思考本是人的正常生理活动，但思虑太过，中医上讲"则可导致气结于中"，不但伤脾，也可伤心血，使心血虚弱，神失所养，而致心悸、怔忡、失眠、健忘、多梦等。

无谓的思考其实很有害，无边的幻想也十分有害，再加上对自己能力的不肯定，导致对未发生事件的怀疑等，久而久之，还会转化成抑郁症。许多都市人不是抑郁症已经很严重了吗？那就是对伪幸福盲目追求惹的祸。

向盖伦·利奇菲尔德学习"排忧"

C：美国有位成功的商人叫盖伦·利奇费尔德，他早年有过从军的经历，可每次给他分配任务后，他都担心、忧虑得不得了，很难如期完成。其实妨碍他正常完成任务的，并非他的能力，而是他自身忧的心态。当然，他最终用方法战胜自己，克服了忧虑症。

我一向不太认同"忧患意识"这个说法，我认为忧患意识并不符合科学态度，它反而会导致意外事件一旦发生时，应变能力的迟钝。面对未来可能发生的变故，我们唯一能做的是理性地预测、排查，作出战略的分析和计划。这样我们的每一天才能活得快乐且坦然。

对于"忧患意识"，我认为就是面对未来可能发生的变故，或意外事件一旦发生，我们的应变能力不至于迟钝，那唯一能做的是理性的预测、排查，作出战略的分析和计划。具备了这样的科学态度，每一天才能活得快乐且坦然。

对抗忧虑，我们可以努力放松心情，进入内心的对话，更好的办法是把它们写下来，做可行性报告，消化、加工需要的信息，以自觉地抑制、调整自己担忧的情绪。

美国商人盖伦·利奇费尔德，正是在有过极度忧虑的经历后认为，他后来的成功，应归功于分析忧虑、正视忧虑的方法。他的方法有 4 个步骤：清楚地写下我担心的是什么；写下我可以怎么办；决定该怎么办；马上按照决定去做。

他说，一旦很确定地作出一个决定后，50% 的忧虑就消失了，在按照决定去做之后，另外还可以消除 40%。也就是说，采取这 4 个步骤，就能消除掉 90% 的忧虑。

Q：写下来是一个很好的方法，心理学家发现，每月花 20 分钟左右的时间，把最近发生在你身上痛苦的事情写出来，这种"表达式书写"，将会提高你之后 5 个星期的工作效率。

C：排忧、化忧还有一个去法，就是相信。相信他人，相信朋友，相信领导，相信下属，相信爱人，相信孩子，相信自己……当然特别要培养自己的自信心。因为当一个人处在偏执状态时，他会怀疑一切，极端缺乏安全感。更严重的是，他不接受事实和理性的纠正，只接受与其偏见一致的信息，其实是在用虚拟的风险惊吓自己。所以，凡遇到不顺心，或者麻烦的事，也要往好处想，庆幸这还不算更差的，这样的心态才能排忧。

忧虑从本质上来讲，也是自卑的表现。而自信对忧的抗衡是最有效的，相信自己会成功，相信未来一定很美好，相信自己什么都能搞定……哪还有什么可担忧的呢？

意识阳光才能快乐，意志力强才能坚持，积极心态才能战胜忧虑。

九情之悲：让丧失化为珍藏

Q：悲是什么？悲是一种丧失，是一种缺憾的痛苦，是一种无法弥补的伤，对于人正常的健康来说，更是一种"损"。

C：悲，往往来自突如其来的打击，缺损的情绪会带给人巨大的伤害。

譬如说，亲人的离去；譬如说，自然灾害造成无可比拟的摧残，等等。我们在电视上看到汶川和玉树地震后的场景就会有这样的体会，那种悲伤是无法用语言形容的。我们从电视上观看时都忍不住要掩面而泣，何况那些失去亲人的人们！

亲情本质上是一种依恋，而一旦这种依恋被突然斩断，就造成了人对失去人和事的无限感伤。这种心痛，它会像海水一般漫过头顶，把你整个人都吞没。你就只感觉，生命中再也没有阳光和欢笑了，失去的永远都无法弥补……

有人说，悲伤是一条黑暗的隧道。但我认为，它总有尽头，总会让我们打开一扇可以走出的门。

因为地球照样在转动，社会照样在进步，世界不会因我们的悲伤而停滞不前。

Q："天若有情天亦老"，客观世界是无情的，关键我们有情的人，怎样调整自己，来面对"人间正道是沧桑"。

C：其实人的一生中，失去的东西会很多，除了亲人、朋友，还有我们自身的青春，乃至自己的生命。每一次的失去，都会让我们为原来的拥有悲伤不已。但世界并不会因此失去生机与活力，社会发展的齿轮，也不会因我们的痛苦而降低转速。但我们如果在这种情绪中不能自拔，抵抗力就会变得极差，身体的机能会走向低谷。不仅丧失了原先拥有的，更在悲中损伤了自己。过悲伤肺，《红楼梦》里的那个林妹妹，整天悲兮兮的，见到落花都要伤怀，结果那么年轻就夭折了。

那怎么办？中央电视台《健康之路》节目中就曾提出：人是一只被充了气的气球，于是遇到悲，一定要哭出来。哭是放气，气体一旦积聚一定要释放，否则气球就会爆掉。

人在极度悲伤时，哭是心灵的洗礼。如果泪水能沉淀出一种物质，那就会转化成内心深处的珍藏。不会释放悲伤，就不会沉淀下珍贵的东西。佛家语"一苦一智慧，一厄一慈悲"，悲是能生善和慈爱的。

这就是让"丧失"化为"珍藏"！

Q：这句话讲得好！人悲的时候为什么总会哭？因为他孤立无援、伤心绝望，他是在呼唤救助，在呼唤能拯救自己的某种力量。而那些让读者痛哭流涕的悲剧作品，也正因为把丧失化作了珍藏，才成为不朽的文艺名著。

C：我的母亲，因为操劳过度，20多年前就过世了。那时在外学木工的我，每年总有两次农忙要回家帮忙干活，比如插秧、割稻、收麦等，可母亲总不让我在自家的田里干活，而一定要我去帮师傅的家做庄稼活。母亲是为了儿子能学好手艺而把自己累死的啊！

现在我还记得，当时在老家常州的102医院得知母亲确诊为癌症，我一个人在骑自行车回家的路上就失声痛哭起来。因为没人劝，一边骑一边哭，整整哭了一个多小时，可以说那次我的痛哭，是一次动态的释放。

8年前，与病魔顽强斗争了13年的父亲，一个勤劳正直、又善于用自己的智慧在工作中进行发明创造的瓦匠，也撒手人寰，离我而去。我的父母他们都还没能亲眼看到儿子今天的成绩啊！

这种"丧失"的悲痛是难以形容的，而我对父母的自责与负疚感，更催化着那种特有的悲伤。但悲中，我唯一能做的，就是在默默思念父母的同时，把他们身上那些可贵的品质发掘、提炼出来，作为我人生的座右铭来"珍藏"。

如今，连续几年来，每逢母亲节，我都会用自己的手机，给遥远天国的母亲发一条短信，我说：

"一个伟大的母亲,

为了自己儿子的成长,

自己却累倒了,

儿子永远思念您!

妈妈,我爱您!

妈妈,我好想您,好想您!"

尽管我的母亲是永远无法收到这条短信的,但我总感觉她应该能看到,因为那一刻我内心清晰地感觉到她在默默地看着我,无声地督促我。而这种感觉又变成我事业的动力,我总觉得现在的努力,都是为了能交给母亲一张好成绩的答卷。

Q:勤劳、俭朴、正直、先付出等,都是你父母留给你的传家宝,你把它们珍藏起来,恰恰又正是它们在给予你走出悲痛的力量,让你不断站到新的人生起点上。

九情之恐：为什么可以"不怕"

Q：美国作家杰克·伦敦有篇小说，讲一对夫妇，妻子在家中难产，满身是血，呼号不止；丈夫吓得躲在门缝里看，越看越恐惧。结果是妻子终于平安生下了孩子，而丈夫反倒不幸在惊恐中猝死……

C：他为什么写这篇小说，目的应该是揭示恐惧，为了战胜恐惧。其实过去有许多鬼故事，像中国古代的《山海经》、《聊斋》等，现在也不断有神怪小说和恐怖电影推出，我想作者的本意多还是在渲染恐怖中，让观众和读者直面恐怖而战胜它。

忧虑多了就会变恐。中医上讲"悚"，伤肾。一种胆怯、惧怕的心理长期作用，或突然遭遇意外惊恐，皆能导致肾气受损。像《三国演义》里的张飞，站在桥上一吼，竟把敌将夏侯杰给吓死了，估计那人肯定是过度恐惧，而导致肾气都散了。

恐不仅会对人的生理产生极严重的影响，更会摧毁一个人的精神世界。恐癌症、恐高、恐蛇、恐毛毛虫……你难以想象一个人整日处在恐惧之中，将如何生活。

恐便是怕。我们常说的"担惊受怕",说的就是恐惧。面对恐惧的问题是,有时候它是一种客观存在,更多时,它其实是人们自身内心的一种紧张感所致。往往事情不是这样的,但担忧过头了,就转化成了一种心理障碍。

譬如说,有个小孩看到高年级的同学,打了他的同班同学,就一直怕他总有一天要来打自己。其实这件事始终没有发生,但越没有发生,这个小孩就越感到恐惧,最后课也没心思上了,路也不敢独自走了,看到高年级的同学就像见到鬼一样,自此他完全变了个人。从一个优秀的、无忧无虑的好学生,变成了一个整天心神不宁、成绩急剧下降的差生。罪魁祸首是谁?其实是恐惧。所谓害怕的时候,周围就会有害怕的声音和身影。

Q:是的,假如把你同一头狮子关在一起,尽管事先明确告诉你,狮子是绝对不可能吃你的,但恐怕一个月关下来,你不吓死,也可能会精神分裂。可见恐惧对人的巨大威胁力。

C:恐惧并非是不可战胜的。

首先,**恐惧其实是无知造成的,对恐惧的正确认知能战胜恐惧。**

这里讲一个我的亲身体验。我因为工作关系,经常要坐飞机,而且往往航程很长。当飞机在空中发生大颠簸时人们其实内心都有害怕,觉得飞机是悬空的,没有着力点,老担心它飞着飞着会掉下去。后来我决定要用科学的认知来战胜这种心理恐惧，于是就专门去请教了两位航空业的工程师。

从他们口中得知，原来飞机的飞行是利用风的吸力把它拉上去的。飞机上有两个圆的大吸风机（大型飞机有 4 个），起飞时的吸力尤其大，相当于两根巨粗的钢丝绳，拉得非常有力而稳定。那么重的飞机都能从地面拉向天空，即使遇气流颠簸，其实比我们平时开汽车碰到小石子时都稳当。因为飞机遇上云层或气流时，不会对飞行有影响，也不需减速甚至还都可以侧飞或反过来飞。就像电影上看到的战斗机，怎样的角度都能飞。当我完全了解了飞机飞行的原理，以及它的构成，我对此的恐惧感自然就消失了。现在我在飞机上碰到颠簸，只要一想到那是两根巨大无比的钢丝绳在拉着飞机行进，心态就十分平和。这是战胜恐惧的认知法。

无助的状态精神上就会产生恐，所以生活中恐惧的战胜首先就是靠爱。恐惧既然是心理问题，那最有效的养心剂就是爱，多做善事就会战胜恐惧。

前面说到的《成功的快乐方程式》一书的作者，离婚后遭到了各种挫折、困难与压力，也由此带来她对未来生活的恐惧。但她坚持下来了，战胜了自己，就是因为与两个女儿相互给予的爱才重新带来成功。她在书的扉页上就这样写："因为你们，我才能把过去的恐惧转移到这些技巧上……我爱你们！"她所说的技巧，正是快乐与爱。

其次，信心也会让人战胜恐惧。自信会改变信息，哲学家尼采说过："如果你长时间盯着深渊，深渊也会盯着你。"改变了信息，你就会豁达坚强，相信自己能够战胜，并且对所有会带来恐惧的可能，都一概抱以不相信的态度，包括死亡。其实人是没有死亡的，只有想象死亡和恐惧死亡，因为没有谁能体验死亡，没有谁可能回头告诉我们死的滋味。如果连死亡都不可怕，还有什么可怕的呢？

Q：哲学家维特根斯坦就说过："死亡，从来不是人类的经验。"要战胜恐惧，对生命的信心非常重要。

C：这里就涉及我要说的第三点，你的好胜心能够改造恐惧的性能，因为恐惧也可能激发人体内的无限激情。就像有人上战场前老是感觉害怕，但真的战斗一打响，开了第一枪以后，所有的恐惧竟迎刃而解，反而激发了他去冲锋陷阵。所以平常坐过山车、体验魔兽游戏等也有益处，惊险的娱乐体验，不仅对小孩，对大人也是有益的抗恐惧训练。

科学来讲，恐惧本是我们与生俱来的本能，是保护我们不受外界伤害的护身符。如果我们碰到毒蛇却不知恐惧，而毫不躲避地从它的头上踩过去，那后果会怎样呢？但如果面对的是一条假蛇，我们仍然大惊失色，那就是无谓的恐惧了。

本能的恐惧会令我们警醒，会赐给我们应急的力量。"恐"为什么可以"不怕"？关键在于你认识了恐惧，正视了恐惧，迎战了恐惧，同时还必须去立即解决，向恐惧开刀。所以当你一旦为恐惧所困，不妨把你恐惧的事物写下来，并讲出来，告诉 5个以上的朋友。

九情之憎：可以拼出"赢"

C：一般人认为憎是负面的，憎多了会影响你对世事的看法。但它有中性的一面，也有正向的一面。**憎是愤懑之气，也可能是一种正气、志气，它会产生意想不到的凝聚力；但如果是负面的话，就会变成郁结之气，变成一种负回报，身心俱害。**这就是憎的特性。

我说过，人3岁就要培养好奇心，20岁要憎，30岁要怒，60岁要有二度求知欲，这才使大脑年轻。所以我教小朋友成长，我就要让他也懂一点憎的正力量和逆力量。

"九情九欲"很重要的一点就是憎。你是不是会愤怒？你是不是会对不满的事情憎恨？或者欺负你的人，你是不是想打他一拳？那样碰到对手，你才会拼命想超过他。

Q：世界著名的学术期刊《分子精神病学》最新研究发现：人体大脑中的"憎恨"网络是由额上回、杏仁核、核壳等区域组成，当人们看到自己厌恶，或者有强烈情感的人或事物时，这些脑区即会被激活。而抑郁症病人往往难以产生憎恨的情绪，这可能与"憎恨"脑网络的消失有关。

刚才说到憎的正作用，其实憎是人的正常情绪，就在一口气，不服输。

C：我们说好胜是原始的动力点，那好胜的源头也可能来自憎的催化。记得我 12 岁时，因为二哥建林与村里的一帮小混混结了怨，结果有一次我竟被他们截住，被扒光衣服毒打了一顿，疼得昏天黑地都不知是怎么回的家。但也正是那一刻，我痛下决心，一定要练好本领，将来一定比他们要强、要出息。

为什么男人憎恨能力比较强，女人的憎恨力就没那么强？因为女人嫉妒心比较强，其实也是憎欲的一部分。但嫉妒心会让人变得小气、狭隘、斤斤计较，被一件不如意的事情所干扰，结果就感到全部的人生都是难以接受的。而且越是接近的人或事物就会越妒忌，这样成长就被局限了。

农耕时代的劳作，战争时代的厮杀，工业时代初期的重机械，都因为女人体力不够的生理客观因素，让她们难以成为主角。但如今是后工业与知识经济时代了，女性的优势在逐渐显现出来，她们的智商、情商和财商往往还高于男性，但缺的可能就是这个憎欲带来的斗志。所以女性也应该通过崇拜英雄，来提升赢的力量。

憎与妒忌都可以转换成正面的动力，见到比我们厉害的人，我们想超越他，战胜他。现在我们很多的年轻人有爱情，有情欲，我觉得不够健全，还应要有憎，更有要赢的欲望。赢的欲望能造就一个人的意志力。

Q：没有恨也就没有爱，没有憎也不会产生顽强的斗志与强烈的热爱。

C：特别是一种大憎，那种属于国家民族之恨，让人怎么可以不生气呢？这种憎欲你千万不能去抚平它，而应该充分地张扬。

我们的抗日战争，为什么小米加步枪能打败武器精良的日本鬼子？毛泽东就是把全国人民面对国家受到欺负的惧，转成了强大的憎的力量，即面对侵略者的巨大的民族仇恨，这种复仇成为了整个民族精神的强大的催化器。

金庸的武侠小说为什么那么多读者爱看？他对情与仇、爱与恨的写作都把握得很到位，尤其是其中弘扬正气立意让人为之倾服！面对嚣张的邪恶势力，正义的大侠为何总能获胜？他就是把憎化成了一股气，这气又成了力量的积累和凝聚。

Q：金庸小说里的许多正面人物，确是利用憎欲获胜的极好案例。因为它的核心就是为正义而复仇，它能激发人的志气。

C：培训我们刚强的意志，我觉得最好的办法就是要崇拜英雄，一定要有英雄行为。那么成为英雄的起点也很简单，首先阅读和观看有关英雄和扬善惩恶的书和影视作品。

我读过很多英雄的书，在读书的时候就想象我是他。我读的此类书籍大概有上百本。我小时候还收藏了许多英雄连环画，岳飞、岳云、杨家将、霍元甲等，大概有 36 本。我希望通过学习英雄来塑造自己的灵魂，培养自己的毅力。读到后来，自己就会代入角色，自信心就会更强大，感到自己的心脏会燃烧，血液会沸腾，就会产生超强的激情。

英雄最大的，也是最本质的一个特点，就是爱憎分明。

Q：从你对"憎"的另一面解读中，我们可以这样理解，憎才会带来"拼"，才会拼出"赢"的精粹。

C：人就要有强烈的情感。在懂得爱的同时，也懂一点憎，怒和憎会促进韧和刚，人才会变得坚强。

小时候，我还打过一架，对方是个大个子的高年级同学，我自然打不过。他打得我背上青一块、紫一块的，但我始终咬着牙，抢着对方大腿不肯松手。因为他也打累了，坚持到最后，我还是把对方扳倒在地。我的信念就是：不让自己失败。

如今，特别是网络时代的现代人，一定要有赢的毅力。很可惜现在很多男人血性不足，缺乏斗志，其实这对人生的拼搏奋斗都是很有危害的。什么叫养尊处优？没有憎，没有怒，他们不懂憎也是战斗力。

有句歌词写得好，叫"爱拼才会赢"！人要是坚强就不会脆弱，思想不脆弱，一受到挫折，一受到批评，都有可能转化为动力。

九情之爱：回报就在"爱那时"

C：拥有幸福的能量是什么？这个密码就是爱！而爱的回报就是爱本身，就在爱那时。

北大有位教授说："幸福＝平和＋快乐，再加一点爱，这个爱，让我对世界有信心。"日本人在一本叫《十二味生活设计》的书中说："因为爱，所以会对生活保持长久的热情，才不会因一时困顿而泯灭希望，才有余裕去感知和发掘自己内心的力量，才有将幸福推己及人的能力。"这也直接道明了幸福与爱的关系。

Q：同样关于《十二味生活设计》一书的评论也讲到："因为心里有爱，才能够将理想和现实平衡统一，从而真正推进生活的质量。"可见唯有爱才是幸福的基础与平台，而绝非别的什么。

C：爱首先是大爱，爱大自然，爱国家、爱民族、爱事业、爱事物，当然也包括爱情之爱、亲情之爱、友情之爱。一个懂得爱的人，肯定不是自私的人，而必定是善于付出的人。我曾经写下过：自己只有一条路可走——爱，大爱，爱社会，爱每一个人。星云大师讲："人生最美的最幸福的事是心中有一盏明灯。"这盏明灯，就是爱。

在我看来，爱往往比被爱更有幸福感，当你为一件值得的事去付出，其实你付出爱的那一刻是最幸福的。反之，一个不懂，也不会付出爱的人，本身就没有具备幸福的基因，当然很难感受到幸福。感受不到别人的爱其实是一种精神的"鼻塞"。

不久前，我到宜兴的大觉寺，接待我的是星云大师的一位女弟子。她告诉我，这里的和尚不一定不吃荤，不结婚，当然也没后代。星云大师的价值观是"无缘人慈，同体大悲"，无私的爱，才是真正的大爱。由此我想，无私，才能从而排除人的财色等一切欲望，让人内心宁静、清澈。而这种无私的大爱，会给自己带来无限的幸福，是"心灵生命"的内核。

现在我们来说除了对国家、民族、人类、大自然这些大家共通的大爱之情，我想探讨一下小爱，即爱情。

Q：追求爱情是人生的重要过程，讲生活哲学是怎么也不能绕过去的。哲学一词来源于古希腊，原意就是"爱智"。

C：爱是生活质量的本源，但我不想讲常理，还是通过另外的角度，给读者一些建议。

爱情为什么复杂？因为它是动态的，是发展变幻的，那么你对它最大的认识其实是你对对方的设定。

我曾说过，单恋也是一种爱，就是你内心里对他有了一种设定，这个设定上升到把欣赏看作是一种拥有时，其实就完成了另一种方式的爱。还要懂得爱，才能爱别人。

爱情爱的是什么？爱的是自己的感觉，其实不是对方的人，而是自身的感觉。是自己的心灵感知，或者说是你在这一种情景中的设定，也就是在爱那时。

假设你和一个不喜欢的异性在一起，你看着身边的水和树，能看出感觉来吗？但你是同非常喜欢的他或她在一起，就会有非常想得到对方的欲望，你会看水是清的，树是绿的，连对方身上的气息、衣饰都喜欢……相信恋爱过的人都会有此体验。

其实爱一开始也就是爱对方的某个局部，而当你对这个局部的爱上升到异常强烈的程度时，那爱就开始蔓延到整体了，就会变成全面的欣赏。

这几个点就是相爱程序的开始。因为它，你的内心就会发出一种呼唤，这种呼唤就会转化为欣赏；你就会愿意为对方付出，付出的同时你还会尽量展示你的才华或优点，譬如男人的豁达勇敢（男人味），女人的温柔体贴（女人味）等，促进了彼此的亲近。亲近就是相爱的外在体现。

要珍视这几个情感中提炼出来的点，它是某种情感的晶体，它会燃烧，会沸腾，会千回百转纠结在一起，怎么也化不了，怎么也解不开，真成了一个情结。但爱是释放，不是占有。释放，再积聚；再释放，再积聚。就像储蓄与刷卡，只有不断地储蓄与消费，爱的过程才能长久。电视剧《后宫·甄嬛传》之所以热播，其实体现出的是现代人对真爱的渴望。皇帝虽然有权力，可以占有，但并没有真爱，也并不幸福。

Q：所以人们说，失恋会让一个人变得成熟，爱也是一种病等，皆因为他内心有了这个爱的情结。

C：亲情之爱也是如此，一个家庭也有一个情结的。

2010年春节前，我请香港凤凰卫视的主持人曾子墨专门给公司的员工和家属做了一次演讲，她有一段话给我的印象非常深。她说："一个家里没有爱，孩子就失去了依靠。"

孩子的依靠是什么？不是物质财富，恰恰是爱！这种情形很普遍：大人一吵架，小孩子就会感觉天要塌下来了一样。如果家庭不睦是一种常态，那这个孩子将来的自信就会差很多。

失去了信心意味着什么？就是失去了未来。为什么有的孩子从小与母亲特别好，或者同祖母、外婆特别亲？其实他就是在寻求爱的依靠的庇护。这就是他的情结。

Q：那全心于事业的人，他的情结就一定在他所从事的工作中，有情结才会有激情。因为有了情结，你就千方百计要去解开它。

C：其实，工作之爱亦同理。

事业是生活的载体，又是提升智慧的实践平台。爱工作，在工作中找到乐趣，才会快乐工作，做成业绩，有成就感，受到表扬，练成技能，和梦想、目标、事业心，都是工作之恋的连接点。连接上了才会产生"心流"，有"心流"才能让你产生成就感，也才能快乐生活。

我对工作确实也是有情结的。从我立志以来，26 年始终如此。因为我还没有全部实现自己设定的目标，我有这个情结啊！我当然就同别人不一样，碰到事情，我都会十分关注每一个细节，会潜心研究里面的分子结构，用各种方法去找到根源。而且越是困难的事情，我还越有去解决的激情。这正是爱的情结的能量。

人实现幸福的唯一一条路就是爱。爱，恰是人一辈子生活幸福与事业成功的功课。而当爱完全成为了一种习惯，还有什么事做不成呢？

九情之善：悯＋付出

Q：一段时间里，一些没有刀光剑影和香艳情爱等大片要素的影视作品反倒走红屏幕，受到无数观众的热切好评，如电视剧《老大的幸福》，票房突破6亿的《唐山大地震》等，其实它们的内涵无一不清晰地凸显着一个字——善！

C：善，正是当下的观众所渴求的。人们需要在这些影视作品中深受感染，并遵从内心的感召去践行它，或在内心深处把它珍藏起来。这种需要就让大家对影片产生了强烈的共鸣。

古人云："人之初，性本善。"我之所以要加上这个情，因为善应该是人类与生俱来的最美好的情感与品性的基础。善产生德，德产生善；正如恩产生爱，爱产生恩一样。但由于后天每个人身处的环境不同，遭遇不同，特别是受到的伤害多了，挫折多了，善的本性就会渐渐缺失，甚至被丢弃，这是非常严重的社会问题，同时也是我们必须重视的自身心理修养课。

什么叫善？我认为善的本质就是悯和付出心。

伟大人物的内心一定是悲天悯人的，因为他有一颗伟大的同情心。普通人也如此，比如遇到邻居家的老人生病，同事的工作上碰到困难，社会上发生许多意想不到的灾害，大多数人都会很自然地伸出帮助之手，这就是善。当你获得这些帮助后，你满怀一颗感恩之心，也是善。感恩其实是智慧的财富宝藏，懂得感恩的人才有幸福的人生，"一个人如果不知感恩，表示内心贫乏；懂得感恩知足，则俯拾皆是财富。知感恩，懂惜福，才是富有的人生，生命的价值也就不一样了。"（星云语）所以我们一定要培养感恩的美德与习惯，时时心存感恩。悯是什么？同情心。

善，总是同美好的词汇联系在一块的，像慈善，善良等，因为善的背后，就是尊重。你被尊重了，就会上升成为你作为人的尊严，有了尊严，自信也会增强……

特别是付出与利他，星云大师说："一个人的贫穷，并不一定是身无分文、衣不蔽体、食不果腹，而是内心中缺少爱。自己不愿意关心别人，所以也不被别人关心。"他还说："懂得利益别人的人，便是懂得人生的圣者。"

Q：善良包含忠诚、同情心、真诚、孝心、宽容、凡事为对方着想等，因为具有这些善良基因的人，就是感知能力特别强的人。他会感知别人，当然也善于感知自己的感受。

C：但善也会被误读，譬如说忍让、宽容这些善良的修养，会被不懂善，或者心底无善的人认为是无用，是软弱可欺。

记得有本书里讲过这么一个故事：有位贫穷的面包师来到一

个陌生的小镇，但这个小镇上的人从来都没吃过面包，认为他是另类，对他很不友好，甚至欺负他，经常跟他捣乱破坏。但面包师并没有生气，每天都做一部分面包，送给那些砸他门窗的人们吃。

一个月过去了，境况还是如此；两个月过去了，破坏的人开始少了起来；到第三个月，基本上没人捣乱了。终于有一天，那些原来的坏家伙们结伴来到面包师家门前，一同向他赔罪，请求他的宽恕，之后就再也没有发生过破坏面包房的事。再后来，他们还一同帮助他在镇上修了一家小小的面包房……

善也是自我保护的工具，但更是善的力量。善是有力量的，这种力量里又包含着智慧。正如佛家有言："用行善对治贪欲，用包容对治憎恨。"所谓"原谅别人就是善待自己"吧。

还有一句话讲得更好：如果你把最难容忍的人当好人，那么你光辉的本性就出来了。所以我们内心要善良，对外多行善。

Q：善里面其实还有许多美好的意思，都是滋养心灵的。譬如说"上善若水"，想想这个境界，是一种多么美好的善意，像清澈的水流般潺潺灵动，这种"上善"可能已是你与大自然的相互善待。

"善"：更高层次的获得

Q：前文说到善的智慧，其实善还不光是付出，它应该是一种更高层次的获得。

C：善的力量和智慧会受到社会和他人的尊重，善良的人由此又会感受到这种尊重给自己带来的温暖，那他的幸福指数就绝对很高。

因此善绝对不是单纯的付出，而是更高层次的获得。而且善还能让你有效地抵御"九情九欲"中那些负面的诱惑与困扰。

Q：做好事幸福指数高，多付出会让你获得的幸福指数更高。《秘密》一书中说："'给予'是把更多金钱带进你生命里的强效方法，因为在给予的时候，你等于在说'我有很多'。"

C：真正的给予是没有想着再拿回来的，不然那是交易；牺牲也不叫给予。善是给予和多付出的基础，给予才是人生的天堂。

很多人只讲亲情关系、血缘关系，很狭隘，我们要的其实有三种颜色的血缘关系，这也可以说是善的延伸：

第一种叫红色血缘，那是指纯粹的生理血缘，亲属血缘关系，对应的是家人；

第二种是蓝色血缘，那范围就广了呀，可以把工作伙伴、合作关系都囊括进去，对应的是朋友；

第三种是黄色血缘，那就是天下的炎黄子孙，对应的是老百姓。

第一种血缘人人都有，第三种当然属于伟人的胸怀，但我们至少可以拥有两种血缘关系。你想我们除了红色血缘，还拥有蓝色血缘，我们多么的富有，多么幸福啊！

Q：我们曾经聊到过一个"善那时"的概念，也就是说在付出给他人的那一刻，自己的内心似乎更加愉悦，滋养了自心。

C：佛教里有"善有善报"说，应该从付出与获得的关系的角度理解才对。非功利的善才是大善，大善又带来大得。

2008 年四川汶川地震，我们派了 36 辆车，24 小时内就赶赴灾区捐赠了大量的急需物资，之后又数次捐款。我们应该觉得，那一刻才是自己最安心、最有精神力量感的，好像经历了一场灵魂的洗礼。

其实，善的回报的确也就在"善那时"。善带来的幸福感是最强的，它的大公无私、利他主义等，都是最高境界的幸福。特别是让你自身感受到那种平静的但充满力量感的愉悦！

Q：善还是需要自己时时体悟的，但善不是仪式，真正的善心应该渗透在我们日常的生活之中，甚至是生活中的每个细节上。

C：譬如情商中的与人交往之道：对他人热心，善于与他人交心，让他人放心等，就都是善的具体体现。所谓善之三宝：慈悲、善良、宽容，并付之言行，你就是在积善。

善与德往往又是连在一起的，积善成德，有德必善。最后再讲个关于德善的故事。

旧时有个非常出名的风水先生，一天外出看风水，却不慎在山中迷了路，又受了重风寒。后来好不容易找到一户人家，想讨碗水喝。这家中只有一位老太太，她很热情，马上给风水先生倒了碗热水。但风水先生却满腹不高兴，因为那碗水的上面漂着许多碎稻草，他认为受了侮辱。于是，临走时当老太太聊到打算盖房时，他就有意指了一块风水很不好的地。老太太当然不知情，后来就照他的话在这块地上盖起了房子。

5年以后，风水先生想起此事，便特意再去老太太的家里，结果他奇怪地发现这个家现在非常兴旺。风水先生实在不解，便去村上打听，才了解到这位老太太品德非常好，经常乐于施善，帮助别人。那她何以要往给自己的水里放草呢？风水先生忍不住当面问了老太太。老太太回答说："你不是受了风寒吗，你喝水时看到草肯定要用劲吹，吹着吹着，你身上的风寒就会散发了。"风水先生这才恍然大悟：原来正是老太太的善上升为德，而品德把那块地原本不好风水都改善了啊！

Q：你讲这个的故事太有教育意义了，许多人都信风水，可他们不知首先要积德，风水在其次，乃为"一德二风水"啊！由此推类，善能改善、甚至改变生活中诸多不好的因素。

C：关键是德，所谓"修身种德，事业之基"，就是讲一个人的高尚品德，正是他一生事业的基础，如同兴建高楼大厦一样，地基打不稳，就不能建筑坚固而又耐用的房屋。

第二章

将『六欲』破格为『九欲』

九欲之求生欲：热爱生命要有精神动力

Q：今天我们先聊人的第一欲望：生。可以说生是其他欲望的平台，一个人假如生的欲望都没有了，那其他所有的欲也肯定不复存在。

C：生欲，简而言之就是求生欲，这是人类最基本的欲求，几乎没有人不想求生的。求生，倒过来说也就是怕死，人类也正是凭借生的欲望得以一代代地繁衍存在。

生看似简单，但如果没有强大的精神动力做内核，活得会无聊，麻木，连生的欲望就会被自己扼杀、毁灭。现在不是还有许多人轻生吗？那些人是活着，但缺乏精神动力。

精神动力是什么呢？就是对生命的信仰，价值观，热爱和尊重。但如果失去了这些，生的价值就消亡了。所谓"偷生"的说法，就是这种情况。

而有精神动力，你是不怕吃多少苦，经历多少磨难的。所以即使是盲人，或者聋哑人，大都坚强地活着并奉献着。他们虽然失去了视觉或听觉的生命，但依然具有精神生命。我看过张艺谋拍的一部电影叫《活着》，葛优演的男主角，他可以说是历尽艰辛，碰到过多次可以死的机会，但他总是凭着一个顽强的信念，一次次活了下来。这个信念就是"活着"，电影表现的也正是这个主题。

Q：杰克·伦敦的有一篇小说就叫《热爱生命》，讲人在荒野绝境中，饥寒交迫下，只得与狼搏斗。狼想吃他的血，他也想吃狼的血，最后他就是本着对生命的热爱，战胜了狼，并靠吸允狼的鲜血救活了自己。这个故事，列宁临终前在病榻上，还专门让人为他朗读。

C：所以我们讲生，最重要的就是讲精神动力。

譬如说长寿，它不光是肉体生命的概念，关键是它会让人产生生命的成就感。有时我看到越长寿的老人，精神越好，就是这个道理。

我现在就在对都市里百岁老人的长寿秘诀进行研究，我在北京、上海、还有香港、东京4个城市发下去了300多份问卷，做调研。我希望将来专家们能研究出一套办法，让健康工业化，来"生产"百岁老人。

而在这次调研的过程中，我发现生命首先还是来自自信，而非盲目的求生。自信了，就不恐惧死亡。

Q：动物大概是不畏惧死亡的，它没有认知。人们杀它时，它所表现出来的反应，其实只是疼痛的感知，而不是对后续结果的恐惧。

C：对于生，我认为世界上有两种人：一种人活着，只是有了肉体生命；另一种人，则通过修炼，拥有了精神生命。肉体生命只是生理生命，精神生命是一种心理生命。肉体生命只是为了追求本能与物质意义的幸福；精神生命的核心是体验智慧和成就感，以及心灵的体验。精神和智慧融合后，逐步上升到心灵的生命，才有了灵气与灵魂，这是"灵性生命"，它是精神生命的升华。

真正的生命是什么？它的载体是事业。所以爱迪生说："生命就是事业，事业就是生命。"修炼精神生命的人，把事业作为生命的人，就不在乎酸甜苦辣、喜怒哀乐，而在乎修炼提升和追求奋斗的体验感觉。这便是他生的精神动力。

Q：精神生命者不是等待生命的延长，而是积极地活在生活中间，活在当下。也就是说，生命在他的情境里。

九欲之食欲：多元的口感

C：民以食为天，食物是人类维持生命的必要条件，是求生欲望的具体体现，也是人生的第一快感。

为了生存，当然得吃呀。饥饿大概是人类仅次于死亡的痛苦。可千百年来人类的进步在于不仅为了充饥，更吃出了文化。

于是，这个食欲也在"与时俱进"，不仅要吃饱，还要吃好，甚至还要吃出权利和虚荣。这其实就破坏了食的原生状态。

进化的餐饮，当然还要有视觉和嗅觉上的功能，用来刺激和满足人们的眼睛与鼻子，但主要还是满足人口感的。2012 年有部纪录片很火，叫《舌尖上的中国》，有那么多人关注，就从另一个角度证明了食对人们的影响力有多大。

其实味觉也不光在舌头上，我认为，爱吃什么本质是对过去口感的记忆。那口感是什么？我觉得它是综合的因素，它是多元的、多义的，今天我们解析食欲，我就想从多元的角度来引发一些新的思考。

Q：食欲，可能在当今已从生理的层面更多上升到心理的层面了。尽管我们也还会有饥饿感，但不会饥不择食，而会在许多非充饥的因素上做出选择。

C：食欲的满足，其实已是一种心理满足的快感，也是一种视觉、嗅觉、味觉和感觉的色、香、味的综合体验。

你看厨师，大多数都肥肥胖胖的，为什么？因为他在创造美食的过程中，不断地在亲身体验美食。他的食欲又在体验中大大提升，等他吃腻了，当然又会创造更多、更新的美食。这也是体验与创造的关系。

所以培养食欲、保护食欲很重要，它会牵涉到人类对美食的创造力。

特别是小孩，一定不能破坏他的食欲，他的食欲被破坏了，那他的求知欲也一定会被破坏，他将来智慧的开发也会被破坏。

我到过一位朋友家里吃饭，他家有个很小的孩子，四五岁吧，就是不肯好好吃东西，于是孩子的父母、外婆外公等一家6个人都来逼这个孩子吃饭，越逼孩子越不肯吃。

我当时就看出来，这个孩子的食欲已经让大人们所谓的"各种办法"破坏掉了。你想小孩刚生下来，可能第一个欲望就是吃，连吃的欲望都没有了，那不可怕吗？食欲没有了，其他欲望也就会减弱许多。其实引导小孩吃饭，先饿他一顿也不要紧，让他饥饿一点就想要吃了。

我一直认为，小孩子的成长主要靠五好：好吃、好动、好奇、好斗、好胜。好吃是排在首位的，后面的"四好"应该都是从好吃开始延伸出来的。

Q：你这个观点，的确是从食的原生状态来观照，又从食的多元性上来思考的。

C：对食的观点也是尊重。尊重大自然的赐予，尊重劳动者的辛勤，也尊重自己的肠胃。每天多吃，胃就逐渐撑大；每天适当少吃一点，胃就会逐渐变小，这样还可以减肥。人最难得的能力就是自律，有的人整天挺着个大肚子，就是在告诉别人：我不能管好自己这张嘴嘛！照养生专家的说法：每天吃九成饱可多活 10 年，而吃八成饱则能多活 20 年。

吃，还要学会细嚼、慢嚼、多嚼，这样分泌的酶更多，味觉更佳，也更助消化。为什么餐前要有开胃菜？因为那时口腔尚未分泌酶，而开胃菜的咸、酸、辣、香会刺激口腔里酶的分泌，使后面品菜的味觉更好。体验美食，更要在吃饭吃菜时，想象着一粒粒稻谷和一棵棵菜原始鲜美的感觉，然后再慢慢地品味道。

我们还要善吃，会品味，享受美食过程中的乐趣。而不要把食这一原本最朴素的欲望，人为地异化了。

粮食是什么？它有阳光照射和大地结合产生的大量氨基酸，我们吃粮食，就是在吃阳光。它确保着我们的健康。你说我们如果天天吃大鱼大肉受得了吗？说穿了不是真为自己吃的，无非是虚荣在作怪。

我请客吃饭点菜，往往就点自己喜欢的菜，但我会用我的健康美食观去感染别人，一边吃的同时还一边说好吃好吃，吃的同时还增加了附加值。有的人总是想方设法点对方喜欢的菜，只迎合了别人，却没有一点惊喜。人不把吃当一回事，不讲究，也不对。像自助餐，基本上就是塞、满、饱。

吃是人生很重要的部分，吃的不仅是营养，更是美味与幸福。所以，我们应当培养自己善于吃出味道来，会品味菜肴的滋味，要不怎有美食家之称呢？

Q：可"谁知盘中餐，粒粒皆辛苦"。你对食的消费观又有哪些看法？

C：说到食的消费观，我这里要介绍一位台湾的著名实业家应昌期先生。很多人都知道，"应氏计点制围棋规则"就是他发明的。他深谙赚钱之道，但更懂得如何花钱。

对于吃，他有这样一段话："很有钱的外国人，但也很节省，从不一盘菜没吃完就上第二盘。中国人吃饭太浪费了，一吃就是满满一桌子菜，碗叠碗，盆压盆，喝酒非把你灌醉。这样的吃法，一浪费时间，二浪费钱财，三浪费物质。"

消费观，就是人的世界观。消费的境界，其实就是人的境界。

Q：我们是该反思目前吃喝中的怪现象。中国应该是美食大国，而不应该仅仅是靠浪费吃出来的餐饮大国。

C：可惜，粮食有相当数量其实是浪费在餐桌上。为了显得客气、有礼，结果请客吃饭至少浪费 10%，吃喜酒浪费 30%。日前，中央电视台《新闻 1＋1》节目里播出了来自中国农业大学食品科学与营养工程学院调查的数据：目前中国的食物浪费程度超乎想象，他们选取了大中小三类城市共 2700 台不同规模的餐桌进行分析测算，发现，全国一年仅餐饮浪费的蛋白质和脂肪就高达 800 万吨和 300 万吨，这相当于倒掉了两亿人一年的口粮。我们现在日子过得相对宽松了，没想到与之成正比的就是浪费的巨大。

食，不光是吃，更不是滥吃。任何事物只有在一定的"量"与"度"的前提下，你才能获得快感和幸福。多元的口感，需要慢慢悟出学问来。

九欲之色欲：河流该在河床里流动

Q：有人说，欲是河流，情是河床，这很有道理。哪怕是奔腾的河水，它在河床里流动才是健康的，也是久远的。否则便是洪水泛滥，你能想象其后果么！

C：情与欲分别属于"心"与"身"，它们两个联系密切但又属于不同的领域。同时，情与欲互动互补，相辅相成。情可以生欲，欲也可以生情；欲的满足需要感情的投入，而情的愉悦也有赖于欲的满足。

人的色欲，可分为三个层面：一是生理欲望的满足，二是心理情感的体验，三是精神欲望的提升。如这三者能互为作用，叠加深度，催化高度，可以碰撞出灵性思想的火花，而获得倍数效应的叠加幸福。

反之，无情之欲是可怕的，对健康的身心危害极大。

所以说色欲是河流，婚姻是河床。现在一夫一妻制是人类文明的进步，我的"有限幸福论"中重要的一条也就是"婚姻唯一论"。假如让欲望无限膨胀，绝对谈不上幸福，而只会带来无尽的烦恼。从人性的本质来分析，还是爱的匮乏。情爱缺失症，其实也是一种病态。《新鸳鸯蝴蝶梦》一歌里唱道："由来只有新人笑，有谁听到旧人哭？"

但真正的有情者却是"愿得一心人，白首不相离"，并无怨无悔，印证着"情人眼里出西施"的名言，所谓"爱会生情，情又生爱"，也证明这份有情之爱没有折旧。

Q：爱不折旧，这个概念非常好，犹如新人，当然不会再有移情别恋的依据。

C：所以，色欲必须有爱情为基础才能达到身心的快感。人们把年轻人的热恋喜欢形容成共浴爱河，这就说明，河流也只有在爱的河床里流动，才会清澈、美丽而浪漫。

在此不妨先解读一下情感的构成，只有了解构成才能使爱情保鲜，爱情保鲜才能使婚姻保险。也只有保鲜的爱才能更有效地调节和控制欲望。

一是呼唤：不一定是语言，可能是一个眼神，或一个细小的动作，但那是真诚的呼唤。对方感应到了，内心的呼应就会反弹给你。

日本有本《水之道》的书，说你天天对着一杯水呼唤"我爱你"，然后把这杯水放进冰箱，再拿出来的时候，会发现结成的冰块里蕴藏着笑脸的影子。而反过来，你总对这杯水说"你是臭水，我不喜欢你"。结果放到冰箱里结成的冰块也是丑陋的。

二是施恩：无条件地帮助、服务、有恩于你所爱的人。爱不能光是被爱，而更重要的是要学会和善于将你付出的爱让对方直接感受到。

三是相处：不断的和睦相处本身就是情感的升温，从相处到身心的吸引，相处越久，引力就越大。

四是欣赏：做到这点人们首先要让自己的内在变得强大，让对方欣赏而非贬低自己。欣赏积累到一定的程度，就会上升到崇拜。

五是提升：再通过你的形象、仪表（恋人其实也是很注重外表的，一个没有形象的人，自然不会被人爱慕），包括知识修养形成的气质，然后不断提升到精神的撞击。

这种循环往复的感情升温法，会让你的爱情保鲜如初。"情人眼里的西施"也是要用心呵护的啊！还要记得，男人最大的武器是关怀，女人最大的武器是温柔。

Q：还要用到你的"有限幸福论"：人之所以有别于动物，那就是能够控制欲望。而在有限幸福的原理下，你完全可以创造性地达到无限幸福的感觉。

C：创造很重要，婚姻或者恋爱都需要彼此为对方创造条件和机遇，提升情感。

客观上说，人毕竟是血肉之躯。控制色欲，你可以用智欲、征欲来对抗、平衡，通过培训自己刚强的意志，提升自己高尚的情操来节制，你还可以通过读书、旅游、体育运动来排解、转移。

Q：蒋勋在他的《生活十讲》里就讲过自己早年的例子，他说在他"精神向往和肉体欲望冲突得很严重"的时期，他"因为生理的苦闷，开始去思考人到底是什么，精神在哪里"。

C：人本性中的弱点和缺点是很多的，问题在于你怎样不让它们张扬，这就需要自控能力。如果自我控制力缺失，就是失控。一旦失控，所有的缺点、弱点会把你的优秀之处全淹没掉。

九欲之名欲：成败的双刃剑

Q：名是把双刃剑，看你怎么去使它。

C：成功在于名的召唤，败也败在名的诱惑，和"成也萧何，败也萧何"的道理一样。

名是一种表现欲，又是一种炫耀欲，还希望让人产生敬仰感。即想要在人群中争强好胜，显示自己的独特性、权威性，并获得他人尊重和服从的欲望。因此，**名有虚荣的成分，但又是人的精神追求的寄托。很多的发明创造、很多的成功，其动力几乎都来自于名的驱动。**

中国自古以来，就有追求功名的传统，大凡成功者，大部分以求得名誉地位为重。对某些人来说，生前能光宗耀祖，死后能流芳百世，才是人生最重要的目标。因为儒家文化讲礼仪，也就是讲面子，面子就是名。

李白不贪宫廷的高官厚禄，放浪于山水间，却留下无数豪情诗篇，当是为名；已是"茅屋为秋风所破"的杜甫，还在"语不惊人死不休"，乃是为名。就算诸葛亮，创造了许多神话般的奇功，最终"鞠躬尽瘁，死而后已"，其实也是为名。

因为名是智慧的满足，成就感的标志。

Q：宋代还有一个很出名的词人叫柳永，考了数次功名未中，写词以泄内心郁闷。词中写道："忍把浮名，换了浅斟低唱。"于是他就去青楼寻欢了，但他混了一阵，又开始复习并再赴京赶考。这回考上了，但不幸的是，皇帝看到他的名字，又一笔将其在榜上划去，还批示："且去浅斟低唱，何要浮名？"由此可见，其实大家都把名看得很重。

C：名是帆，实干是船，有作为一定有地位，有地位也必会有名，关键在于掌舵的自己。

纯粹为了名而去追逐名，名是来不了的。尤其为抬高自己、炫耀自己、进行攀比的人，结果背上沉重的负担，会使整个人生都始终处于紧张。有的人常常在饭桌上，或者喝茶时喜欢抱怨社会、打击别人而表现自己；还有人热衷于批评、评论他人让自己得名，其实这两种现象都是为名而扭曲所致。但是你不求功名也不对，名也不会给你。名需要智慧来把握。这个智慧是什么？就是追求心和平常心。名不是双刃剑么？那我们也用二心来处置它。

Q：追求心，就是利用好名，这叫打造知名度。

C：如今商业社会，要成功能忽略名吗？酒香也怕巷子深啊！像我们红星美凯龙 2000 年刚进入上海市场时，谁认识你呀？做商业的，消费者不认识你，想做大做好就很难，你没有名气啊！所以我们就在营销上下了很多工夫，打广告，把当时出入上海必经之路一条街的广告位都包了下来。在促销上也做了许多创新的动作，用以打响知名度。

现在我们名气大了，在上海已经很少有人不知道红星美凯龙了，我就开始沉下心来，多练内功，把品质、环保确保好，开始打美誉度了。我们的不断努力就是为了让更多的人了解，我们的这个名不是虚名。

品牌的打造历程，就是先从一条街开始，再到一个区，一个市，一个省，一个国家，几个国家，再到全球。现在许多人都想把自己的产品一下子做成全国知名的品牌，太急功近利了。现在社会对名人、名景都很重视，可对民族名牌的重视度还不够，致使许多青年只崇尚洋品牌。所以，我认为品牌的速胜与品牌的缺失其实都是名的误区。

Q：事业如此，人生亦如此。以追求心和平常心的两心之和来解读名，是非常客观科学的。

C：为了一时的名，是虚名、浮名；今天的名叫暂名，要追求明天之名，才是基本的名、本质之名；将来的名才是长久之名，永恒的名。像我们敬仰的邓小平同志，在人生的"三起三落"中，总是凭着坚定的革命信念和坚强的个人意志力，从不计较眼前得失，带领大家努力去富起来，让国家强壮起来，因而赢得不朽之名。往往身后的名，才是真正的名。

把"名"看成映照的月光

Q：解读"名"欲，似乎更需要运用认知的相对论，要科学理性。

C：有的人把名看成天上的月亮，让月光映照着自己，踏踏实实地一步步追求，但不会幻想着去把那个月亮摘下来，这就是理性对名。

18 年前，南通的一位区长到常州来吃饭时讲了个故事：两个清洁工老头，一边抽着烟，一边对着一只带轮子的垃圾箱在吹牛。一个说自己年轻时一口气可推行 3 公里，另一个说，一只手都可以把它举起来……可见人老了，对名还是那么在乎。但可惜他们年轻时一定把名设定得太低了，或者说目标是高的，但都没有努力过，所以做了一辈子的清洁工。

现实中，有的人就是不把精力集中到奋斗的实践中来，却对名日思夜想，结果什么也没得到。历史上甚至还有为虚名郁郁而终的例子。古人讲"实至名归"，就是说人不要图虚名、空名，你实际努力到了，名自然就来了。

人追求虚名，一旦没有得到，副作用就会很多；而为了虚名去应付周旋，又浪费了很多时间。还有人不在乎小名，总想一夜之间成大名，那是大错。大名是小名的叠加，积累了很多个小名，必成大名。

Q：《儒林外史》里"范进中举"的故事大家都很熟悉了，范进一生求功名，但始终未果，直到了50多岁，成了半老头子，突然中举人了，狂喜之下，竟发了疯。为什么会发疯？他对于名的迫切追求，让心态失去了平衡，终究让这把双刃剑刺伤了自己。

C：古时还有这样一个故事，讲有个男子整天幻想着自己能才华横溢，出人头地，但就是不肯好好努力为之奋斗。日有所思，夜有所梦。一天在梦中他见到一位自称是判官的人。判官手执尖刀，一声不响地把他的肚子划开，把里面的五脏六腑全掏了出来，又很快将带来的另一副五脏六腑放进去，并迅速让肚皮愈合了……

男子在惊吓中醒来，觉得很蹊跷，就随手拿过一张纸，想把这个梦记下来，谁知一下笔却洋洋洒洒，竟很快写成一篇绝妙美文，字体也珠圆玉润。他欣喜若狂，天一亮就赶紧捧着文章跑出去，到处给人看。文章实在太出色，他自然一鸣惊人，转瞬间成了名人。

这个男子想：虽然受点惊，可不费吹灰之力就获得如此成功，真是老天给的馅饼啊！于是他更是什么都不干，陶醉在成名的喜悦之中。

可没想三个月后，那位判官又拿着尖刀在他梦中出现了。男子虽惊恐，但还是壮胆对判官说："我现在已经出名了，谢谢你，再给我换副内脏，让我当官吧。"

判官照例又打开他的肚子，换了一副五脏六腑，只是临走时冷笑了一下，说："对不起，我把你自己的内脏又换回去了，本来我是同情你求名心切，想让你尝到一点成功的滋味而继续努力的，谁知你更不思进取，所以还是恢复原来的你吧！"男子大叫一声，梦就醒了。

Q：这个故事好像是来自于《聊斋志异》里面的，你改编得也许更有现实意义。我们也可以这样理解，名是你可以追求的，你可以当作你的目标，可以为之好好努力。但究竟能否得之，就需要人们以平常心对待了。

C：星云大师说："想成大事，要从'平''淡'二字用功。凡人我之际需看得平，功名之际，需看得淡。在等待的日子里，刻苦读书，谦卑做人，养得深根，日后才能枝叶茂盛。"

所谓"格局决定结局"，这才是把名真正作为映照自己的月亮，而不是只做空想家。

九欲之利欲：多角度来看利

Q：古人往往羞于提"利"，找一个象征物"孔方兄"来代替，其实也就是古时的铜钱。现在我们说"利"只得"利"字当头，看上去不免有些令人生畏，但谁能逃脱得了呢？

C：利，就是财欲，是人对财富的需求，所谓"人为财死，鸟为食亡"。世间万事皆为利往，人生的一切努力也都难免在围绕着钱财奔忙。

其实利是一个中性的物质，也是个"百搭"。它可以是对创业业绩的肯定，可以是一种发展事业或实现目标的工具，也可以让一个人利欲熏心，失去之初的良善之心。

财对于企业家来讲，它又是武器，可用中打商战。钱少就用步枪，但枪法准的就成了精英；钱多用的就用大炮，甚至导弹，可以所向披靡地打规模战了。所以关键在于如何取财，又如何理财。

利一旦完全被人的占有欲笼罩，便有种种违法取利、唯利是图、见利忘义等现象的发生，就是人性被利扭曲、异化了。

利是炸弹。它可为正义而用，也会摧残正义，摧毁自己。正义本是力量的化身，你要把它锻成一把钢刀，用以斩断任何违法、违规的私利。许多人对自己、对朋友、对亲人往往只讲义气，会忍受他（她）们的错误，其实就此失去了真正意义上的正义感，变成了畸形的正义。

Q：因此，今天我们来谈利，应该从大利、小利、利他、利己几个点来透析它才对。

C：当然，我们主要还是从人性欲望的角度来看待利的，利欲与人的关系，就像前文聊到的名欲一样。它同名欲还不同，并非人人都有那么强烈的求名欲望，但利欲恐怕无人能不被其所惑。

利既然是一种欲望，人就会因此生出妒忌心理。但如果跟自己的朋友比，人家赚的比你多，人家成大老板了，你心里也没有任何感觉，那你这个人就要找找自己的"九情九欲"是出了什么问题了。因为这样的人是麻木的。

我们要修炼的是一种正确的利益观，也不要谈利色变，因为利益的欲望某种程度上也在刺激创业的欲望、发展的欲望。同样是追逐利，行为不同，结果就会大不同。

我们来做这样一个假设——一个小偷与一位创业者在正负两极上的"成长"：小偷偷到了一件衣服，价值 5 元；创业者经销了一件衣服，赚了 5 元。小偷偷了一辆自行车，价值 100 元；

创业者经销一辆自行车，赚了 100 元。小偷偷了一辆摩托车，价值 5000 元；创业者经销一辆摩托车，赚了 5000 元……小偷可能还会偷汽车；创业者或许会经营一家摩托车、汽车维修厂。小偷最后甚至会发展到去抢银行，而创业者已经成为企业家了，开始运作金融资本……两者奉行的似乎都是金钱导向制，为的都是利，但结局却大不同：小偷总有一天必会被抓住，判刑；而企业家不仅在利益层面上成功了，还会得到法律的保护、政府的支持，更为社会做出了贡献，个人品格、智慧也能得到修炼、升华。

Q：首先要懂得的是大利与小利的关系。这将让欲望上升到理性的层面，就不会成为利欲的俘虏。

C：所谓大利，就是要学会看大局势，把眼光放长远，而非鼠目寸光，只会盯着蝇头小利。

譬如说，前些年我们红星美凯龙的竞争方为了一点销售利益的纷争，做了许多不正当的小动作。大家都说要回击，为了争取利益嘛。但我认为，如果用对手同样的办法争回来的，也一定只是小利。我们要做的是，更好地发展自己。否则无序竞争、恶性竞争，冤冤相报何时了呢？于是我就决策避开正面冲突，把目光放得更长远，而不只在意一城一池的得失，要在全国版图上去思考问题，去做超越性的竞争，结果收获了大利。

Q：处理利的欲望恐怕是最难的，这需要人生境界的修炼，但凡古今中外的成功者，无一不是对利有自己独到的认知。

C：伟大人物的利欲观肯定是超越性的，他更在乎的是人民的利益。

刚才我们从大小的角度来看利，现在我再说一个概念，就是利他及利己。既然可以利他，那可见利本身并无好坏之分。

古人曾说："人不为己，天诛地灭。"其实这是从人性恶的角度提出的。但历史上许多事实都可以证明，**真正成就大事业者，无一不是把利他放在首位的。而凡是首先考虑利己的，反而都只会被更大的利益所抛弃。**同时利己主义的人，虽然有才、有技能，但是唯亲，不能带团队，不会成为优秀的管理者。所谓大成在胸怀，小成在德才。高层看胸怀，中层看德行，基层看才能。

大家现在都知道了，日本有位很著名的企业家，也是哲学家叫稻盛和夫。他一生创办了两家世界500强企业——日本京瓷公司和日本KDDI公司，80多岁时还受命接管已经巨额亏损的日本航空公司，居然半年多的时间就奇迹般地扭亏为盈。他的《活法》一书在中国也已成了非常风靡的畅销书。

那稻盛和夫靠的是什么？

我看除了他"敬天爱人"的企业理念，还有一个经营哲学，就是"利他主义"。追求利益是经营事业和人类活动的原动力，因此，有追求利益的欲望绝对无可厚非。稻盛和夫的理念是，不能让这个利益欲望局限在利己的范围，必须把对方的利益也考虑在内，以这种"大的欲望"为出发点去谋取公益。这样的利他精神，最终也会为自己带来好处，而且利益的范围还会比原先更为扩大。

由此可见，他赢得如此成就，完全是他这一理念实践的结果。我现在就特别强调"利他思维"，其实就是一种"双赢思维"。譬如你先把利益多让于顾客，那他来消费多了，你得到的口碑好了，不就是返利给了自己嘛。

Q：当今最可怕的是利的纯粹的物化。台湾作家蒋勋说："一个唯利是图的社会，每一个人都会在物化自己与他人的过程中成为受害者。"

C：对于利，人们不停地占有、攀比、竞争，但有得必有失。一个人得到越多，负担也就越重，对得而复失的恐惧也越强烈。所以，现代人的生活正是在利欲的纵容下变得愈来愈复杂，愈来愈艰难。问题的核心是对"占有欲"的超越。

利本身是一个冷冰冰的东西，但"利他"正是在其中注入了一种人性的东西，这其实还是一个价值观的问题。

星云大师也说过，最丰厚的礼物是能给别人喜欢的礼物；而为他人设想，最能表达我们内心的诚意。利只是一种工具，甚至只是一个符号，把它看重了，无疑就是把自己看轻了。相反，只有看轻它时，你才能称出人生的重量。

九欲之求知欲：人的翅膀

C：求知欲，即想要了解知晓一切事物的猎奇心理。人是智慧的动物，天性有追求智慧的欲望。过去一般讲求知欲，我为什么要说求智？光求知还不够，因为智慧才是人的根和神。

当然，人之初首先是求知欲，他的将来，就会发展成追求智慧的欲望。

Q：人为何天生好奇？就是因为有求知欲。

许多读者可能还不太了解，我国有个分子生物学重点实验室，它的学术委员会主任叫王恩多。王女士的学术卓有成就，为世界公认，而她的格言就是"好奇心和童心让我充满活力，使人永远快乐"。

C：从王恩多教授的成长历程来看，正是这种好奇心让她对未知世界的探索有了浓厚的兴趣，她惊叹于科学的奥妙和神奇，并由此认定了科学研究作为终身事业。她认为培养学生首先就是要激发他的好奇心。

这点我不仅非常有同感，更有切肤之感。记得自己小时候特别喜欢看《十万个为什么》，其实没有什么目的，也根本不知道将来会派上什么用，但就是喜欢。完全是一种求知的欲望驱使我看完一本，赶紧再去借下一本来看。反过来，它又更刺激、培养了我的好奇心。

许多成功人士，童年好奇心的满足就是听故事，然后故事的激励帮他立志，长大了他就努力去成为故事中的优秀人物。好故事是求智欲的启蒙。

许多小孩都有"打破砂锅问到底"的习惯，但我也发现许多大人往往不耐烦，会呵斥孩子"问这么多为什么干吗"。他们却不知道这正是孩子智力开发的开始，你的"不耐烦"说不定扼杀了一个天才呢！好奇心、好胜心会激活求知欲。培养孩子首先是让他(她)有好奇，还要让他(她)穿干净挺括个性化的衣服，他们做好了事、学成什么要及时表扬。

我现在培养孩子的分析能力，就让他们多看《少年包青天》、《狄仁杰》、《大宋提刑官》等电视剧，让其在复杂的案件里锻炼思维。从小就学会分析，学会从因找果，从果找因。

但现在还有个很大的问题，许多年轻人只浏览网站，不读书(纸质书)，也不看电视，殊不知这样的知识面是很狭隘的，思维又回到了二维的平面时代。现在大家都批评中国的教育，说学习压力太大，但作业多也有好处，不仅知识多吸收了，更养成了吃苦勤奋学习的习惯，所以中国的大学生到国外留学，基础成绩大都很优秀，一旦思维再拓宽，就容易成才。我们现在能成为世界生产大国，也正是源自这种吃苦精神。

孩子的思想，往往无法超越他常接近的那几个人的思想，所以父母就要常带孩子到各种优秀人的场合，让孩子不断接受新的智慧，他会有不可思议的变化，超越只是时间的早晚问题。

Q：人的智慧并非天生，应该是从好奇、求知欲发展而来，那成年了，还会从哪里来？实践、成就感，都可以培养出智慧的欲望。

C：成人应该更有追求智慧的欲望，而且智慧会刺激新智慧产生。每个人本质上都是很普通的人，但我们的智慧是随着个人的累积不断成长的。

今天的成功对新的智慧产生非常重要，这就是成就感激发的智慧。

但早年我的经历，对今天智慧的养成也非常重要。我拿自己做小工时的经历来讲，刚开始工地上让我泡石灰，当时我虽然把脚都泡破了，但是不久我就成了个优秀的泡石灰仔。因为我在用心泡，在动脑筋。虽然当时并不知道智慧这两个字，只认为要勤快。

接着我又打水泥疙瘩打了一个月，我自认为我也是个优秀的打水泥疙瘩者。再后来在工地上做了一年多的饭，工友都说我烧的红烧肉特别好吃，到现在为止，我二哥建林还很怀念我做的红烧肉，因为我用心研究了菜是怎么样搭配的。

说实话，早年我只吃过猪肉炒大蒜，不晓得肉还能同别的菜搭配，但我见别人把肉烧萝卜后，很好奇，也尝试搭配别的菜烧，就成功了。其实这就在好奇的无意间追求了智慧。

之后，我就把烧饭的经验用到工作中来了，怎么样的人才配置，怎么样的合理布局，怎么样的系统思考。于是，这些就真正变成智慧了。

Q：煮饭也是一种经验。你用好奇心去实践，肯定会是优秀的厨师，做小工也会是一个优秀的小工，做木匠更是一个优秀的木匠。好奇加实践就产生出智慧了。

C：智慧更多是被激发出来的，可惜现在我们对"智欲"的培养不注重。

惠普上海分公司的一位部门主管，他着力于"在观察中学习"，他认为，积累不仅来自工作本身，还来自好奇心和主动学习。

可见求智欲的翅膀在不断生长。就是成人，其实好奇心和求知欲还是很强的，但往往不好意思像小孩那样提问，那就需要强化自身的学习。通过书本，通过网络，通过交流，都可以最大化地满足你获取新知识的欲望。2008 年诺贝尔文学奖的得主、法国著名作家勒克莱齐奥说过："我想一辈子都保持小学生的好奇心，去了解、去阅读更多，从而丰富自己。"

　　在工作实践中的钻研、推理、解剖和分析，也都会激活你的智欲。年纪大的人，"九情九欲"虽然会退化，但还是可以让智欲与食欲对流、综合、互动。

　　当然，我们追求智欲更要有"掘地九尺"的精神。过去我们说掘地三尺，现在远远不够。你要比他人多一点智慧，要找到事物的本质，就必须掘得更深，一定要把这棵树的根和须都掘出来。这个"掘地九尺"是我家的"传家宝"。

九欲之诉欲：把愉快和不愉快都说出来

Q：诉，其实是过去被很多人忽视的人本能的倾诉欲望。

随着现在社会文明的发展，诉将越来越受到人们的重视，所以心理医生现在成为了热门职业，甚至还冒出心理陪护的职业，都是诉欲产生的需求。

C：诉，其实就是表达欲，想要把自己的见闻、想法、感受等告知别人，并获得他人认同的欲望。人应该善于诉说、倾诉，或排解内心因失去、挫折带来的烦闷、积郁，或分享成功的喜悦和智慧等。因为语言本身就有情绪心理释放的功能。

就像打开一扇心窗，让健康的精神空气对流。否则不良情绪消化不了，就会导致右脑的紊乱，使注意力无法集中，而郁郁寡欢。

诉是心灵的自我化瘀法，是人的精神疗养。可惜过去人们对此的正面认识不够。当然我们还要善于倾听，或者相互倾诉、交流、交心。

我有位从美国回来的朋友，和我说了一个她的亲身经历：因为被邻居的狗咬了一口，她非常生气。虽然打了针，但总怕有后遗症，内心郁积烦闷，发展到后来，甚至连她工作、身体都出了问题。她只能去找心理医生，但这位医生基本上什么也没说，只是听她叙述。她每次讲邻居不好，养的狗很大很凶，医生就只说一句话"真的不好"。她认为心理医生的工作原来如此简单，就赶紧买了机票回国，把被狗咬的事给亲戚朋友讲了几十遍，居然她的心病也因此神奇地变好了，重新找回了笑声。

Q：倾诉的内容很多，喜也要诉，不分享就没有快乐。不仅个人，一个家庭、一个团队、一个国家也都有倾诉的需要。

C：张艺谋导演的 2008 年北京奥运会开幕式，就是中华民族力量的传达、喜悦的倾诉。我们在春晚上看到的《千手观音》舞蹈，则又在向观众无声地诉说着和谐与安详。

现在城市居民为什么重视房屋装修，其实这是家庭品味追求的一种诉说；而所谓品牌的打造，也就是产品品质与地位的外化之诉。关键是要找好"诉"的核心所在。

Q：诉当然有很多可能，也有多种方法。

C：你可以独自面朝大海或原野，大声地呼喊，把郁结之气通通宣泄出来，也可以通过书信和电邮等向你的知心朋友倾诉，还可以借助网络与陌生的朋友诉说。

专家认为，女子的寿命普遍比男子长 7 年左右的原因，除了职业、生理等优势外，善于啼哭也是一个重要因素。通常人们哭泣后，情绪强度会减降 40%。反之若不哭出来，不利用眼泪把情绪压力消除掉，会影响身体健康。要知道，人在悲伤时掉出的眼泪中，蛋白质含量很高，但这种蛋白质是由于精神压抑而产生的有害物质，强忍眼泪而让它积聚于体内，等于一种慢性自杀，所以哭泣也是一种有效的倾诉。

你将愁、哀等情绪说出来，还可以吸引、团结很多人，得到同情和帮助，因为对方也是有"九情九欲"的嘛。

诉也并不只有"一对一"的交谈方法，目前国内外都流行模拟对话法，深入自己的内心，与困惑的自己进行感情沟通，方便有效，具体的做法现在我就把它推荐给你：

1. 准备一个安静、温暖、不受打扰的房间；

2. 尽量去体会和经历你所感知的一切事物；

3. 闭上眼睛，想象与你交流感情的人就坐在你对面；

4. 告诉对方你到底要讲什么；

5. 充分表达自己的情感；

6. 把你要倾诉的全部讲完后，考虑对方会如何回答你，然后自己大声说出来。

我在事业上碰到困难时，就曾模拟过与父亲的对话。九十年代中期，我们工厂和商场由于管理精力不够，有些乱，在发展的战略定位上一度我很矛盾、纠结，当时很想请教父亲，但他已经生病不能指导儿子了。我只好把自己当成父亲，又把自己当成儿子。记得那次我是独自一人站在欧洲的旷野上,大声喊道:"爸爸,我该怎么办?"接着,我又把自己当成爸爸,说:"儿子,你要做自己喜欢的事;儿子,不要急功近利!"模拟的效果非常好,让我获得了特别的智慧。

Q：倾诉应该是心理调节中最广泛、最有效的方法之一，把愉快和不愉快都说出来，才是好心态的一个标志。

C：我一直告诉朋友：你碰到好的事情要告诉 20 个人以上，你碰到不好的事情也要告诉 20 个人以上，相信你的心情一定会因此保持健康而稳定。

"诉"与"听"是最有效的沟通

Q：其实，诉说和聆听还是一种非常有效的沟通，运用得好会带来许多意想不到的收益。台湾作家蒋勋在《孤独六讲》里说："每个人都在说，却没有人在听。"这其实是对聆听的呼吁。

C：美国学界"思想巨匠"史蒂芬·柯维博士在他的《高效能人士的七个习惯》中就说到："移情聆听本身就是巨额的感情投资，它能够给人提供一种'心理空气'，极具治疗作用。"

我在管理上一直非常重视员工的"心理空气"，重视这种诉说与聆听式的沟通，特别是"一对一"的沟通。近年来，每月我基本上都要安排十多位各个级别层面的员工来对谈，不光是谈工作，更多是了解他们的心声，了解他们的思路和生活品位，也听他们诉说生活中碰到的困难，帮助他们解开情感上的纠结等。一个领导，一定要让下属想与他说话，说真话，说心里话，这样下属的思维才是打开的。

如果说我们企业这些年人才队伍成长特别快，我想同这种沟通的关系是很大的。因为在那一刻他不把你当董事长了，当成是值得倾诉的朋友。对他来说，是一次尊重与爱的体验。

Q：《别为小事抓狂》的作者就说过："更懂得倾听，不但可以让你变得更有耐心，也可以提升你的人际关系品质，因为人人都喜欢跟真正懂得倾听他们心声的人说话。"这应该也已融进了你的管理理念。

C：这种高质量的沟通，对方一旦感受到了，积极心态的潜能开发是不可估量的。由此我也联想到我们中国的教育。

目前社会已进入网络时代了，人与人面对面的沟通少了，再加上代沟，很多孩子倾诉的机会很少，甚至没有，长此以往容易形成心理障碍。所以我呼吁我们的老师一定要多给孩子诉的机会与时间。

我发现，现在有些老师与学生的沟通，以一对多的为主，一对 的较少，这就很成问题了。人们一般都不愿意在大庭广众下说心里话，那你又怎么能聆听到孩子的心声？

家长也是这样，要学会与自己的孩子单独沟通，而不要当着另一方，或者另一个孩子的面来谈，这样他才会把自己内心要说的东西告诉你。要善于把孩子的悄悄话挖出来，你才能真正了解他，帮助他成长。

这点我自己体会很深。以前我因为工作忙，总是利用全家一起吃饭的机会，同女儿说说话，但大多是泛泛而谈，收效甚微。有天我就请女儿上了一次咖啡馆，我喝着香喷喷的咖啡，她品着清清的茗茶，我们很轻松地聊开来。真没想到，她给我诉说了许多我之前根本不可能了解到的一些她的所思所为。

因为给她创造了一个情境，让她得到了尊重与平等，她才会对我敞开心扉。之后我认识到女儿的变化很大，好像人一下子成熟了许多。

Q：把倾诉与聆听作为一种最有效的深度沟通，对现代管理心理学可以说是一个贡献。我们不仅要学会诉，还要学会如何让对方诉，创造好诉的环境。

九欲之征欲：激情的挑战

Q：今天我们来聊一个你发现升级的"征欲"，也就是征服欲。

C："征"的本质是挑战欲，即想要在人群中争强好胜，显示自己的独特性、权威性，并获得他人尊重、支持和崇拜的欲望。

"征"应该是人身上一种积极的、勇敢的欲望，表现出来的是激情的挑战。我们不是常说人生需要挑战吗？那碰到困难就用征来战胜！

征欲强的人心态不一样，障碍很大，他们有路就可以走过去；如果没有路，就开路；如果遇到山，就钻山洞；如果山太高了，那就飞过去……

"征"也可以说就是不服输的欲望。这种精神欲望会刺激我们的工作激情，或者说我们受到别人的轻视或藐视的时候，遇到他人不公平竞争时，具有征欲者，更能够调动自己的情感，超越对手。背水一战，认为自己一定能胜，就有 3 倍的能量。

Q：勇于挑战的人，情商肯定高。勇气在一定程度上大于信心。

C：对，人的自信与不自信，对开发潜能是三倍；可勇敢不勇敢又是三倍，这个"征欲"上升时分泌的肾上腺激素等于六倍的能量啊！

征是一种释放，征会让人大脑敏捷，在险中看到有利点，就能对冲、抵消哀、忧、悲、恐这些"负情"；同时征还可以转换成憎与怒，把憎与怒引导到正确的前进道路上，而挑战的过程，又消化了憎与怒的副作用。创造了成就，便不再在乎和计较个人情绪的得失。

征欲里面可能还有一个权欲，我觉得这没什么不好。当然这要往正向的方向去理解，我的意思是就像"不想当将军的士兵，就不是一个好士兵"这种上进心理一样。其实没有权欲的人，他的领导力必然缺失，是当不好一个管理者的。

Q：征欲是你延伸发现得来的，很值得研究。对能力的开发，以前我们总认为主要靠名利驱动，但这个征欲可能更催发人的斗志。

C：征还来自好胜心，这非常重要。假使说我们的人没有好胜心，那肯定不行。你是不是想做得优秀？想优秀，就必须胜过别人，必须征服对手，特别是在现在竞争激烈的时代。

当然对手也不一定就是人，可能是物，可能是大自然。

征先把精神打造起来，精神打造起来以后，灵魂就能打造。人赢就赢在精神上。因为大家都是血肉之躯，怎么才能把血肉之躯打造成精神之躯？靠的就是征欲这个助推器。

Q：士兵的勇敢，更多就是靠征欲的培养。所谓"狭路相逢勇者胜"，就是征的驱动。这对小孩子勇敢、坚强性格的塑造，非常有作用。

C：特别是想要提升孩子的竞争力。他的起步可能就是征服每一道难题或和同学间的竞争意识。

我儿子有时不怎么喜欢走人行道，喜欢走斜坡，不怕危险，这好像是像我。我小时候不会游泳就敢往河里跳，差点淹死，被人救上岸；12岁时去河边抓河蟹，也不管三七二十一，伸手就塞进蟹洞，结果拉出来一条蛇。虽然我很怕蛇，但下一次还是又把手塞进蟹洞……我到现在还喜欢走马路与人行道中间十公分的路牙；晚上加班到12点回家，从车库上楼，我还是不走楼梯，喜欢走拉行李箱的斜坡，其实归结原因还是骨子里征欲的血液在流动。

当然这个征，要踏实地建立在一点一滴上，如果什么都没准备，怎么征服人家？

刘翔当年百米跨栏破了世界纪录，征服众多的选手，可以说每一秒的成绩都是来自于点数的精确把握。工作也是如此，你的技巧、速度，同样的事情你是不是比别人做得好，最起码同样的事要比别人强。

征是没有底的，它本质是挑战自我的过程。人身上都有许多弱点与缺点，所以最重要的不光是征服对手，更是"自我征服"。就像有位哲学家讲过的，它"不是拳击，是跳高"。

我很喜欢读兵书，在此我建议大家也读一点兵书。因为兵书可以提升一个人的激情、挑战欲和战斗力。甚至我建议女孩子也应该读点兵书，因为我发现打牌时，女性对输赢结果并不十分上心，因为好胜心不够，她们比男性更注重的是过程。

人生没有永久的平静，人生没有结果只有过程，征才是人生真正的旅途，那就在这激情的挑战中体验与享受吧！

九欲之舒适欲：是不是幸福感

Q："九情九欲"聊到最后，就是一个其实人天天都在感受、追求，却又往往认识不够的欲望——舒适欲。

C：对啊！舒适欲，就是尽量使自己感觉更舒适的欲望。像冷热、香臭、疲倦、爽快、痛痒、明暗、软硬等，都是与舒适相关的欲望，同时它又着重于身体各个感官。

譬如说睡欲，是人们对睡眠的需求。就我们平常的人来说，每天要睡 8 小时左右，人的一生三分之一的时间都是在睡眠中度过的。这个欲望满足不了，人也同样非常难受。

还有遇到寒冷，人就自然产生对温暖的渴求。在冰天雪地里，对寒冷的恐惧心理可能远远大于其本身对身体构成的伤害。

其实很多的产业，工业革命带来的科技进步，都是为满足人类的舒适欲。空调、冰箱的发明、生产，就是为了让人体觉得舒适。人工作久了就会累，因为人懒、有惰性是先天的。人们不肯多走路去交换意见，就发明了电话；又因为电话还要跑到固定地点去接，又发明手机……人类为了满足舒适的欲望，会不断地创新。某种程度上讲，人的舒适欲推进了社会的工业革命。

没有飞机前，人们去美国只好坐船，花费时间之久，简直不可想象。过去我从常州到上海，坐汽车起码要花 6 个小时，但现在有了高铁，40 分钟即可到达。物质的满足带来了人的舒适，而人对舒适欲的追求恰恰也成了开发、创造新物质的原始动力。

Q：譬如由花的美，再延伸到花的香，香水由此诞生了，也的确是在满足人们舒适欲的基础上开发出来，再作用于人的。

更有许多娱乐活动的开发，都来源于人对舒适欲的追求。当然，舒适欲的积极意义在于，一定要让它转换成生产力才有价值，否则人会更懒。

如今的高科技，像苹果公司生产的电脑、手机等，不仅在满足人们视觉、触觉舒适欲的基础上，更进入人的心理触觉，即体验的快感。

舒适本质只是一种生理欲望的满足，其实在物质条件和科学创造达到一定程度的今天，是很容易满足的，但幸福不那么简单。

舒适欲只是一种快乐，是幸福基础的一小部分，因为快乐往往是短暂的。

Q：但问题是，现在很多人，特别是没吃过苦，没经历过艰辛努力的年轻人，以为一时的舒适快乐就是幸福，那就对人生的理解谬之千里了。

C：舒适欲是人的本能。但以为舒适、快乐是幸福，就进入了误区。

《环球时报》曾有篇文章，叫《快乐不等于幸福》，讲述了这么一个案例：假如让你住在好莱坞的迪斯尼乐园里，只要你愿意可以整天玩各种游戏。你或许认为，住在这么一个充满乐趣的地方了，一定比住在别的地方的人幸福得多。那就说明你把快乐等同于幸福了，但有这样想法的人并不在少数。事实是，幸福与快乐之间并不能打等号。

快乐是人在某项行动中的感受，幸福则是行动过后的感受。较之于快乐，幸福更为深刻，持续的时间也久远。游玩乐园、打球、玩牌、看电影，这些由舒适感带来快乐的活动，可以帮助人们放松下来，暂时忘却现实中的烦恼，甚至还让人开怀大笑，可这些情绪会在快乐的活动结束之后随即消失。

我非常赞同这样的观点，像许多可以经常满足舒适、快乐的人，背后却隐藏着不幸，悲观厌世、酗酒吸毒、家庭解体、自杀轻生的情况并没有比普通人群少。如果相信简单的快乐就等于幸福，那不但不能帮助我们获得幸福，相反还可能让我们失去真正获得幸福的机会。

我认为要拥有大幸福有 5 个指标：第一个就是常人认为的幸福指标，或许就是所谓的舒适欲的满足吧；第二个是痛苦指标；

第三个是智慧指标，智慧会让你懂得幸福的高度与深度，从而接近幸福的本质；第四个是成就感指标，心理舒适才算是高舒适，所以有成就感会让你拥有幸福；第五个是体验的指标，学会体验、善于体验，才会拥有当下与长久的幸福。

Q：美国有学者认为，幸福其实往往与痛苦相关，而并不是满足舒适欲的快乐。

C：现在大部分家庭物质条件好了，但培养孩子，不能光让他躺在舒适的温床上，至少让他们懂得，舒适欲的满足也要靠自己去创造。

同样，刚才那篇文章还说到，能获得真正幸福的事情，往往与痛苦相关联，譬如婚姻、子女抚养、职场发展等。有的人为什么不愿意结婚，其实他是不想承担责任。承担婚姻的责任不是一件轻松的事情，有时相当痛苦。他不可能再像单身时那样随心所欲。同样不想生孩子的夫妻也是宁要不痛苦的快乐，也不要痛苦的幸福。一个孩子的成长父母要付出很多艰辛和劳动。但恰恰是在孩子成长生活的过程，那种为人父母的幸福，会永久萦绕心头。这样的幸福是那些不愿做父母的人无法体会的。

工作也一样，就像结婚，就要想是一辈子，不能让自己有退路。哪怕历经很多艰辛，体验很多酸甜苦辣，但取得成就的幸福感也同样是只追求安逸、舒适的人无法体会的。

具有幸福感的舒适欲，一定是上升到心理体验，或者说心理

触觉的，而只有满足了心理触觉的舒适欲，才会具有幸福感。

Q：你的"心理体验"和"心理触觉"提得非常好，为什么那么多人崇尚艺术，因为艺术不仅满足人视觉或听觉的享受，更能进入人的内心，因而满足了人们高层次的心理体验。

C：哈佛大学泰勒·本-沙哈尔教授在对幸福的解读中，有一条就是身心互动。因此，单一的、被动的舒适欲是不会具备幸福感的，只有可以互动、体验的，你在这个过程中付出了的舒适欲望的满足，才会从中有真实幸福的触觉，也才是长久的。

因为你体验了过程，参与了创造！

第四章

心态是心灵最好的保健

我的"有限幸福论"

Q：你曾提出一个"有限幸福"的概念，这可能是幸福本质的境界了。我们有无限智慧、无限生命，为什么又会说有限幸福呢？这也是一种相对论吗？

C：世事万物其实都是相对的。所谓"有限幸福"，也就是说有"度"才会幸福，无度必定痛苦。佛家讲幸福就是稀缺，真正的幸福不是多，而是少，少才会珍惜。

美国文化的精髓是勇敢、智慧、正义和节制。这个节制，一般人可能不以为然，但我非常认同。现在社会有各种诱惑，所以我们特别要学会节制。人的欲望，在有限的前提下被满足了，你是幸福的；但如果无限制地膨胀，必然满足不了它，那不就变成无尽的痛苦了么。欲望达不到，或欲望过多，必然带来心苦，带来焦虑、哀怨。

人要在情感和欲望的游戏规则里才有快乐，要让思想管住欲望，才是让自然人上升为社会人的文明进步。

Q：其实，节制就是"有限幸福论"的核心，古人讲"张弛有度", 佛语说 "人有多少执着, 就有多少束缚", 西方人讲 "节制", 都在说明 "有限" 的能量。

C: 节制会带来更大的获得, 这就是一种能量。

西方有个沙漠里苹果的故事: 说是有一个人在沙漠里迷路了, 走了三天, 又饥又渴, 还没有走出来。但他身上只有一个苹果, 吃不吃呢? 他为此一直在纠结着。可他后来还是决定不吃, 一直把那只苹果抓在手里不断奔跑, 最终走出了沙漠。

你想, 一个苹果能给久困在沙漠的他补充多大的能量? 恐怕就算有 10 个苹果也于事无补。而让他走出沙漠的, 正是一种信念的力量, 让有限化为了无限。

交朋友亦如此, 你想要即时回报, 也是一种不节制。我以前认识一位银行的大领导, 私交都很好, 但我从来没问他借钱贷款, 即使在企业资金一时困难的时候。因为我好像心里有了这层关系的保障, 就会想出很多的办法来, 同时我还可以向他学到许多更有价值的东西。

Q: 英国最近有学者研究表明, 人的朋友也不能多交, 3～5 位最知己的朋友对自己来说是最幸福的。滥交朋友必然交友的质量不高, "有限友情" 才会带给你友情的快乐。

C: 有限幸福的关键在于自得其乐与知足常乐。但我这里所言远不是那种消极意义上的对人生浅层次的迁就与满足, 而是应该到一个更高的层面上来认知。

什么叫知足？关键是你把什么当成你的参照物。你要比权力大小，你能统治整个人类吗？你要比物质的富足，你能拥有整个地球吗，更不可能拥有宇宙吧。所以你能比的，唯有你精神生活的质量，你在做好每件事的成就感。

还有一个就是学会接受。其实接受不是消极的，恰恰是积极心态的产物，它会让人正视现实，消除抱怨和恐惧，得到满足与安宁。遵循了自然拥有的法则，接受就是"有限幸福"的开始。

Q：上海妇联（中华全国妇女联合会）曾经组织过一个宣讲团，主题就是《幸福不是一种拥有，而是一种能力》。我们没有感受到身边的幸福，是因为对生活抱怨太多，人的认知差别就在价值观上面。我们要解决"什么是幸福"，"怎样才幸福"，才能解决我们为什么要奋斗。这就是价值观。

C：价值观就要追溯到人生的意义了。这个价值观的判断是有层次的，你一层一层不断上升分析高度，可以帮助你得到很多的认知，提高认知幸福的高度。当然你有很多智慧的话，也会带来些痛苦，也会增加一部分烦恼。这个也是相对的，但体验到的幸福的高度和深度绝不一样。

特别是成就感。成就感才是精神幸福的原子弹，能提升人精神幸福的指数，才能懂得"有限幸福"，而减少痛苦。作为一名普通的纺织女工，而成功转岗成为上海航空股份有限公司乘务员的吴尔愉曾回答记者说，每一次的成功都会让她感到由衷的快乐和幸福，但这种感受幸福的能力是要靠自己去发掘和培养的。而当你把这种思维方式变成习惯之后，你可以把每一项工作都当成体验和享受，幸福也就与你如影随形了。

Q：现代许多人感知幸福的能力好像下降了，也许就是"不知足"而"难常乐"。有限幸福价值观的具体体现，在于你能否停下来，用心去注意与感觉自己其实已经拥有的幸福。

C：哈佛大学幸福学大师泰勒·本－沙哈尔教授说过："幸福是种感觉、心态，是对客观事实的主观认识，不是客观事实本身，谁都可以幸福。"除了价值观，心态就是体验幸福的工具。他还说："简化生活，学会专注，不要同时做很多事才能幸福。"其实正是在阐明有限幸福。

而一旦人们懂得了"有限幸福"，生活就会发生根本的变化。他们就会把省下的时间花在那些真正能带来幸福的事情上；他们会觉得花过多的金钱，无限制地追逐物质享受没有太大的意义；他们也不再会与别人攀比而心存妒忌，因为他们明白了所谓的"无限幸福"其实根本就不存在。

"有限幸福"，它其实是在约束将导致你无尽烦恼和痛苦的无限欲望，所以"有限幸福"才会给你带来真正的幸福。

西湖是我的

Q：如今很多人认为拥有财富就是拥有幸福，记得你讲过认知财富也就是认知幸福，我们再来聊聊你的财富观吧！

C：报载国外媒体认为中国已成为世界第一"拜金主义"国家。《2009 年幸福指数调查报告》还说，超过一半的受访者认为，赚到钱才能赚到幸福，金钱＋财富＝幸福。这就很可怕了，我们在前文讲到"有限幸福"，它的本质在于精神升华，而对财富过于片面的追逐，必然会陷进"无限幸福"的泥潭中去。

台湾著名的漫画家朱德庸说："我们碰上的，刚好是一个物质最丰硕而精神最贫瘠的时代，每个人长大以后，肩膀上都背负着庞大的未来，都在为一种不可预见的'幸福'拼斗着。但所谓的幸福，却早已被商业稀释而单一化了。"对此我很有同感。

Q：寄情于艺术的人，追求的是精神幸福。盖普洛咨询有限公司在全球进行的幸福调查显示，金钱确实能够让你感到满足，却并不一定能够让你真正享受生活。物质财富之生命是有限的，精神财富之生命才是无限的。

C：过去，我想过很多东西，我作为个体可不可能拥有？譬如高速公路，但我又无疑拥有着它，毕竟我每周都要在上面经过几个来回。我们去住五星级酒店，你可能订的只是其中某一个房间，但它金碧辉煌的大堂你也完全可以充分享受。它们都是服务型的公有财富。

后来我明白了，这个世界上其实只有享有，没有拥有。尤其看到星云大师说过世间有 5 种财富：物质财富、精神财富、公有财富、心中财富和无价财富。其中我对公有财富这种说法特别有共鸣。

作为公有财富，像空气、太阳，像黄山、西湖，是他的，也是我的，其实就是认知"我为人人，人人为我"的幸福的道理。我们说"社会主义好"，好就好在公有财富多。

2008 年，我到北京看奥运会的开幕式，在体验上我也就拥有了鸟巢，也因此很有幸福感。我在上海陆家嘴有套大房子，但装好了几乎没怎么住过，因为在里面我没有找到家的感觉，这说明幸福并不在财富多少。

同样，我在上海西郊的一套房子，尽管是租的，但它的大环境好，后面有 1200 亩的森林，上万棵百年大树。因为我特别热爱树木，我就对这里特别有感觉，由此认定我也拥有了这片森林，把它当成我家的后花园。体验这样一种绿色生活，我认为是最大的幸福！

有次我漫步在西湖边，看到西湖如此之美，不禁大声对着湖面喊道："啊，西湖你是我的！"对，**西湖是我的！黄山是我的！太阳也是我的！**

Q：1958 年的时候，美国经济学家加尔布雷斯就写了一本书，叫《丰裕社会》。他认为，私人消费和公共服务之间一定要形成某种平衡。比如没有道路，没有停车场，所有公共设施都是乱七八糟的话，而如果每个人都买了车，那势必会引发灾难。

C：像印度现在私人消费水平很高，车辆看起来很多，但它的公共设施，也就是公有财富的建设非常落后。印度首都的机场还不如中国某些地市级的机场。所以我们要赢得更大的幸福，就必须珍视、珍惜公有财富，再拥有、帮助和合作，为世界创造更多的财富。

邓小平同志曾经说过："让一部分人先富起来。"采取的是先富帮后富的策略，这就让中国人平均富了 50 倍，最多有 1 万倍，最少也富了 10 倍。我经常给美国朋友讲这个道理，国家之间其实也应该一样嘛，让能先富的富起来，先富再帮后富。而现在世界上还有为了自己的利益引发战争，挑起国际矛盾来赚取利益，包括过度保护自己而引发恶斗与战争，这些都是错误的。应该通过先富帮后富，拉动整体富裕，那世界经济 30 年会平均富 10 倍。这是更大的财富观吧。

　　财富是一种测量工具，能够测量我们贡献的多寡。无贡献的人将一无所获；贡献卓越的人，将有丰硕的收获。只有为社会创造财富，才能为个人带来财富，带来最大的幸福。其实这不是大话，我在这些年创业历程中充分感受到这点，你付出了，社会绝不会亏待你——付出越多，回报也会不知不觉到来。

　　Q：一位作家曾说，如果恰当的生存需求得到了满足，幸福就完全可以自己掌控。内心充满智慧，面对自己感觉自身力量无限，这就幸福了。谁拥有西湖、黄山？其实我们大家都可以大声说："西湖是我的！黄山是我的！"只要把财富观与幸福观真正打通，就会拥有一种新智慧。

麻雀的幸福

Q：谈生活结果就是谈幸福。其实幸福是一种心理感觉，一种心境，一种对生活的理解，一种人生修养。

C：对于幸福，最重要的是感知。

以前我就分析过幸福的等级，一是物质时代的幸福，二是精神追求的幸福，三是感知幸福。其中第三点是最重要的，一二点都要靠人对幸福的感知能力。

当然我还得先讲故事，讲我对麻雀的研究。

清晨在小区跑步的时候呢，总听到麻雀发出唧唧的叫声。我研究麻雀好多年了。那个叫声是快乐的还是痛苦的？我发现，麻雀通过肚子发声并且头也在动时，就是快乐得不得了的叫声。麻雀几乎整天都很快乐，我们人有麻雀快乐吗？没有，我们好像没有麻雀快乐。

2012年上半年我又开始研究麻雀，晚上躺在床上还在想，我没有麻雀幸福，可我比麻雀有钱，它没有房子住我有房子住。但又观察思考三个月后，我就觉得不对了，麻雀还是比我有钱，房子比我住得好。为什么呢？麻雀飞到哪里，它就觉得那个树林、小区是它的，世界、天空、阳光也是它的。而人不是这么认为的，人的思想就很狭隘。于是我就觉得我比麻雀拥有的少多了，也因此那天晚上我就没睡着觉，甚至之后连续几天都没睡好。

财富是认知出来的。麻雀认知世界是它的，我认知世界不是我自己的，所以说，我的财富没有它多，我也没有它幸福。这就要看我们如何认知我们的世界。

譬如说太阳值多少钱呢？9万万万亿元？那我们有几百万、几千万，几个亿又算什么？即使有几百亿，也只是太阳的一个零头啊！

Q：幸福和痛苦其实是对比出来的，就像白和黑一样，没有刘比，你就不会生出幸福的感受。

C：猪的幸福指数似乎比人的高，它每天吃得很开心，哗哗地吃，呼呼地睡，不是吃就是睡，死得也很简单，被拉到屠宰场"咔嚓"一刀就死了。人最大的痛苦是恐惧死亡，怕失去生命。猪没有这个感觉，但它的幸福没有深度和高度。人类度过的有智慧和幸福的每一天，肯定比猪一辈子都值。

人类应该是勤劳以后变幸福的，因为勤劳改变了我们的生活规律。我总对孩子讲，真正的幸福是勤奋。可我觉得很多人对勤奋这个词不是太懂。每一个父母都告诉我们要勤奋，但是到底什么是勤奋？人性是懒惰并以自我为中心的，包括每一个人。因此，最重要的是勤奋的思想。大脑一定要勤，工业革命也是动脑筋动出来的，如果人懒惰那就完了。人懒先懒脑，勤也先勤脑。勤奋的人注意力集中，就会有心流的高潮，就会对事物和人体验热爱与幸福。

Q：刚刚离世的乔布斯说过："成为坟墓中最有钱的人，对我来说毫无意义。晚上睡觉的时候能说，我们做了一件很棒的事情，这对我来说才重要。"古人讲"勤于思而敏于行"，对幸福的感知也要勤啊！

C：更高境界的幸福还要从审美开始。许多人把吃饭、睡觉、玩、夫妻生活当作是幸福，却根本不懂欣赏其中的美，又有何幸福可言呢？

人类的幸福，首先要建立在人类自身对于幸福的感知能力上，而做既有意义又有乐趣的事情便会有幸福感。过去有一首歌，叫《幸福在哪里》，很多人都会唱，但偏偏理解和感知就各不相同了。

幸福的 DNA

Q：现在经常会有所谓"幸福指数"的调查，我看也只是调查到了一些皮毛，因为深层次的答案藏在每个人的内心，而且还常常随着主观或客观的条件而变化、转移。

C：幸福也是有指标的，就像血液指标、心率指标、血压指标一样。那幸福的指标是什么呢？感官快乐，物质基础，爱，亲情，智慧享受，成就感的享受。

人生是经历的总和。我们经历了什么，就获得了什么。而人生又是释放的总和。那么光得到感官的快乐和物质享受，乃伪幸福，我认为真正的幸福来自幸福的 DNA。

一是"阳心态"，也就是我们常说的积极心态，它能激活幸福，也是现代人成功和幸福最基本的立足点，运用的就是人潜能开发中的"光明思维技术"，从而培养自己健康、乐观地观察世界和处理事物的方法。诗人顾城说过："黑夜给了我一双黑色的眼睛，我却用它去寻找光明。"每一个成功者，无论是科学家还是企业家，他的成功无一不是经历了无数次的挫折和失败后的结果。与一般人不同的是，他们始终没有认为那是失败和挫折，而是排除了无数种不能成功的因素。

二是善良。善良包含忠诚、同情心、真诚、孝心、宽容、凡事为对方着想等，因为具有这些善良基因的人，就是感知能力特别强的人，他会感知别人，当然也善于感知自己的感受。善良的人会受到社会和他人的尊重，又会感受到这种尊重对自己的温暖，那他的幸福指数还能不高吗？所谓"吉祥三宝"，就是慈悲、善良与宽容。

三是爱。包括爱情之爱、亲情之爱、友情之爱，但更重要的爱是大爱，爱大自然、爱事业、爱国家、爱民族。一个懂得爱的人，也就是善于付出的人。在我看来，爱往往比被爱更有幸福感，当你为一件值得的事去付出，去助人为乐，其实你那一刻是最幸福的。反之，一个不懂，也不会付出爱的人，本身就没有具备幸福的基因，活在世上当然毫无幸福可言。

四是知足常乐。人一般在年轻时总是欲望很多，心态比较浮躁，而到了一定的年纪，相对成熟了，就不那么急功近利，就懂得知足常乐。你力所能及地把每一件事情都做得很好，这就是知足，就会欣赏自己、自得其乐。

五是希望。如果要用四个字诠释人类生命的意义的话，那就是希望与智慧。人是希望的动物，也是智慧的动物，人生在世，就是探索、挑战和体验。没有追求，没有向往、目标与梦想的人，就没有明天，没有未来，恐怕一辈子也很难谈得上幸福。

六是活在当下。人的思绪离当下越近就越幸福。这里借用心理学家张怡筠博士来红星美凯龙讲过的一个培训案例，特别能说明问题：请三个人讲各自半夜醒来做什么，即可看出谁的幸福指数高。第一个人说想第二天的事；第二个人说想前面做的梦；第三个人说上洗手间。结果就可以看出第三位的幸福指数最高，因为他离当下最近。

除此之外，还有放松、宁静、专注与激情也是幸福的元素，运动、散步、亲情和兴趣也都是增加幸福感的元素。

Q：人的基因先天遗传，那幸福的基因可以由后天，即我们的努力来完善，根据幸福的DNA，完全可以创造出创造幸福的能力。

С：大家都熟悉的主持人杨澜，曾在一篇博客中写道："如果每天写下5件让自己感到幸福的事，会发现幸福越写越多，也感到一天比一天富足充实。"她的发现真好。幸福的空间有多大？如果我们把幸福的DNA全都充分开发、运作，我给它们起了一个新名词，叫"叠加幸福"，它将是一般幸福的复合的倍数。

譬如大年夜，我们全家人要一起吃年夜饭，亲情释放了；刚好又来到海边吃饭，风景很美，吃的海鲜也不错；可能不远处还有块大屏幕，可以边吃边欣赏春晚的节目；更重要的是，大家团聚时，回顾一年来的收获，都很有成就感……这不是体验了幸福的综合享受吗？这种幸福，就是有高度、深度的、立体的、情境的叠加幸福。

Q：你发现的"叠加幸福"非常有意思，但也是要我们去主动追求，去开发的。

C：我们烦恼很多，要以动治烦，越治就越幸福。人是动态的，没有追求，幸福是没有意义的。当然我们到了一定年龄，有了一定阅历，又会有新的目标、新的追求。一个层次不到，不会理解另一个层次。这是一个层次的问题，也可以说是一张"门票"。追求幸福是收集"门票"的一个积累过程。

最新研究还发现，经常自己动手做饭吃的人，比不做饭的人幸福感更强。这是因为在获取食物时，付出的努力会增加人们的价值感。吃饭时的快乐感觉和美味的回味，可持续 24 小时，甚至打嗝也会觉得香。研究还表明，自己动手参与烹调，会使人们喜欢上烹调，会使人们喜欢上本来可能不喜欢的食物，如低脂肪、低热量食物等。我也在此建议大家多在家烹饪，享受家里的健康美食。

Q：人之所以活得累，有人说"是因为放不下架子，撕不开面子，解不开情结"。我认为问题本质是人们没有找到和开发幸福的 DNA。

C：人永远有烦恼和忧愁。这个烦恼解决了，就会有另一个烦恼；大烦恼解决了，就会认为小烦恼也是烦恼；小烦恼解决了，还会自寻烦恼。所以有烦恼把它当成一件事来分析规划一步步实施解决即可。如果把烦恼当件事，非但没有烦恼，而且解决、处理烦恼的过程，反会变成一种幸福。如果把事当烦恼，就永远是烦恼了。

而具备了幸福的 DNA，就可以在生活中复制幸福，让幸福的感觉不断延续。

兰花盆被打碎以后

C：讲一个关于心态的故事吧，这个故事其实是我从于丹那儿听来的。

古时候有一位师傅，非常地热爱自己供养的那一盆兰花，每天都要注视它、呵护它无数次。

有天师傅要出远门了，他就关照小徒弟，其他都可以不管，但务必把他最心爱的这盆兰花照料好，徒弟连声允诺了。

师傅走了以后，徒弟也很是用心，每天学着师傅那样照顾兰花。

很快十来天过去了，兰花长得很好，师傅也就要回来了，可就在师傅回来的前一天晚上，小徒弟可能由于过度紧张，搬弄时一不小心竟把这盆兰花摔得粉碎，这下徒弟可吓傻了。

第二天一早，小徒弟就跪在山脚下等着。可师傅回来知情后，却并没有责怪，更没训斥徒弟，甚至没讲一句话。三天过去了，徒弟紧张得都不敢大声说话，只以为师傅气得都不想说话了；又三天过去了，师傅依然如此，徒弟愈加紧张了；再过了三天，徒弟实在忍不住了，壮胆去问师傅为何不怪罪自己。

师傅听罢哈哈一笑答：这个世界原本是快乐的，我养兰花本身也是为了开心，现在你既然把它摔掉了，那我又何必用不开心的方式来责怪你呢？小徒弟这才恍然大悟。

Q：这就是心智模式呀！你说过，人赢也赢在心态，输也输在心态，快乐也就快乐在心态上。这就是积极心态。

C：快乐是正面情绪的原型，心态其实全在自己。过分苛求他人与自己都不会快乐的。

改变心智模式，就是改变心态。当然这个不是我发明的，是世界著名管理大师彼得·圣吉先生在他的《第五项修炼》中提出来的。但我发现它对我们企业经营尤其有针对性，我们的学习型组织也就是基于此打造起来的。

Q：红星美凯龙一向倡导的"快乐工作"，也获得了社会广泛的认同，但要真正做到这一点，非常不容易。

记得 2007 年红星集团获得中央电视台的"2006CCTV 年度雇主"荣誉，之前就有好几家机构专程到公司来找员工们做访谈。结果是令人满意的，98％以上的答案都是"快乐"，你是如何做到，是以积极心态为切入点的吗？

C：积极心态大家可能觉得没有什么了不起，但是我认为积极心态是开发智商的一个重要步骤。心态是人的脉，心态节奏把握好，人的各方面才能健康；脉不稳定，发挥就不自然。

积极心态是人的行为动力、思维动力、价值动力，是人的精神能源，因为它会改变人的行为方式、思维方式、价值观方向。

我们看到很多的光明事物，在没有办法的时候，积极的心态可以想到很多办法，可以激活思绪。消极的心态就蒙住了人的思维，这样人就容易变笨，变得很忧郁，到最后就演变成不是心态的问题，而成了智商的问题了。

心态积极不积极会对我们的人生产生非常重要的影响，包括治病和对待感情等，积极的心态才是幸福生活的基因。

在工作上，比如说现在市场不好，我们用积极心态就会有好的营销方案，积极的心态就是永远有办法。

人生中碰到失败或挫折，要往好处去想，往好的方面、有利的方面去搜索信息，积累经验，拼命去挖掘好的元素。合作精神、自信、正义、理想、宽容心，都是由阳光的积极心态培养出的人的素质能力。

Q：佛家有静思语："真正的快乐，不是因为他拥有的多，而是因为他计较的少。"

C：后面还有一句："对人要宽心，讲话要细心。"前面讲到的那个故事里，师傅的心态影响了徒弟，说不准徒弟改变心态后，又会去影响无数的人。

好心智开发好心态，好心态才带来好生活。提升心态必然会反弹性情，对自己、对他人都是如此。

　　有一个好心态，你就会觉得你做的是自己心仪的工作，而每天做心仪的工作一定是快乐的。

让人不快乐的那枚金币

Q：有人说："常人把快乐视为情绪，智者把快乐视为能力，成功者把快乐视为责任。"那我们又如何让快乐成为习惯呢？

C：还是先讲个故事，也是我从别处听来的，觉得很有意思。

说有位国王，虽然天下尽在手中，但好像还是不满足，总觉得缺了什么。缺什么呢？缺快乐。

他总是看见御膳房的一位厨师每天都哼着小曲在劳作，脸上洋溢着幸福和快乐。

于是，国王问厨师："你为何总如此快乐？"

厨师答道："我所需不多，有间草屋，肚不缺暖食便足矣，偶尔多一件小东西都能让我的妻儿很满足，所以我一家人天天都快乐。"

国王听罢，似乎难以理解，又去问宰相。

宰相回话："看来这个厨师还没成为'99族奴'。"

国王更不解了。宰相说："明天我们做个实验，陛下您就明白了。"

第二天一早，国王就按宰相所言，命人把一只装有 99 枚金币的布袋，悄悄放在了厨师家院内。

厨师出来时，当然发现了这只布袋，并好奇地拿进屋里打开。天哪，全是金币！他先是惊诧，接着狂喜，还叫来妻儿一同数金币。怎么不是 100 枚呢？厨师认定不应该是这个数，于是数了一遍又一遍，但还是 99。找遍了整个房间他才彻底绝望了，心中沮丧到极点。

从此开始他决定早日挣回一枚金币，以使自己的财富达到 100 枚的整数。但也正是从那一刻起，他不再像往日那样兴高采烈了，小曲也不哼了……

当然这只是个故事，可生活中确有一大批属于"99 族奴"的人，他们其实已经拥有许多，却为了那个额外的、并无实质意义的"1 枚金币"，不惜付出失去快乐的代价。

Q：这个故事太有意思了。生活中其实已存在 99 件值得高兴和满足的事，但因为突然出现凑足 100 的可能性，反倒把原有的一切全打碎了，所以快乐应该先珍惜所拥有的东西。

C：对啊，你想那位厨师如果拥有了 100 枚金币，马上又会想要 200 枚的，他原来拥有简单快乐的心态已经被破坏了。这里还有个故事与大家分享。

一人问佛："我为什么老是不顺心，快乐不起来呢？"

佛曰："因为你没有学会给予他人啊！"

那人又问："我什么都没有，如何给予？"

佛又曰："一个人即使一贫如洗，也可以给予他人7样东西：一是颜施，即微笑处事；二是言施，多说鼓励赞美和安慰的话；三是心施，敞开心扉、待人诚恳；四是眼施，用善意的眼光给予别人；五是身施，以行动帮助别人；六为座施，即谦让座位；七乃意施：有容人之心。有这7种给予的付出，你将不会困苦，事随人意，快乐常在。"

最近，凤凰资讯台的吕宁思发表观点："是什么偷走了中国人的快乐？第一缺乏信仰，第二点是和别人计较，第三对美的事物不感知，第四不懂得施舍，第五不知足，第六焦虑，第七压力大、标准高，第八不坚持做自己，第九得失心强，就是患得患失。"所以我们要倡导：**以加法的方式去爱人，以减法的方式去抱怨，以乘法的方式去感恩，以除法的方式去仇恨，方能做快乐真人！**而正义、宽容、坦诚、豁达、善良、付出等这些美德，都是快乐心态的营养剂。

Q：快乐心态也需要修炼，这种修炼的本质，也就是道德修炼。如此修炼后的良好心态才能与社会接轨，与自然和谐，否则你纵有再大的才，也只会带来玉石俱焚的结果。

C：日本有一本书叫《脑内革命》，书中说人在快乐时还会分泌出一种叫吗啡荷尔蒙的物质，它会提升你对抗忧郁的能力，增加抗病抗菌细胞的数量，从而提高你的免疫力，当然还会帮助你提升信心。你今天的自信就是明天快乐的保证。

大家都知道，冻死的鸡，肉就不好吃，不鲜，因为它伤心，心态不好嘛。快乐常在至少能增寿 9 年，心态乐观的人生活方式更健康。

在西方的基督教里，做了坏事就得忏悔，而这种忏悔，其实就是调整心态。我现在把它延伸开来：做坏事肯定心态不好，肯定对生命有害，没见过长寿的坏人。

为什么要学会放弃

Q：人都有放弃的欲望，但往往又要克制这种欲望，问题可能是对弃的得失观没有解决好，总认为弃是负面的东西。

C：所以我们要学习放弃啊！

一位母亲正在厨房做饭，突然听到三岁的儿子在客厅里嚎啕大哭。原来儿子把手插进一个花瓶里拔不出来了。母亲赶紧上前帮忙，可使尽浑身解数，儿子的手还是拔不出来。万般无奈下，母亲只好打碎价值不菲的古董花瓶。儿子的手安然无恙了，却依然紧紧地握成拳。母亲忐忑不安，掰开儿子小手，却发现他手里攥着一枚五分钱的硬币。

母亲这才明白，原来儿子的手不是拔不出来，而是不愿为五分硬币松开拳头。

这个故事很有意思，它代表了一种心态。现实生活中，我们又何尝不是经常犯和小男孩同样的错误？

为了蝇头小利，朋友可以背信弃义；因为一言不和，夫妻可以分道扬镳；纠缠鸡毛小事，兄弟可以手足相残。究其因，是和那个小男孩一样，不愿放弃那枚"五分硬币"。

Q：人生最重要的不在于一时的得失，而在于懂不懂得选择需要的，知道放弃不要的。有些东西不属于我们，苦苦追寻也不会有结果。只有学会放弃，才能彻悟人生，拥有海阔天空的心境。

C：学会放弃，真是一门学问。平时不学会选择需要和放弃，痛苦指数就会很高。人到最后连生命都要放弃，还有什么不能放弃的呢？因此平时就要学会一定放弃小的，否则将来很痛苦。可以说，没有人能不放弃。因此弃又是做人旷达的最高境界。

弃，其实是一种思维方式决定的，我把它称之为"取重思维"，或曰"舍小思维"。特别是要学会放弃自己的短项，抛弃自身的弱点与差错。有的人自己整天忙得团团转，可就不愿请助手、保姆，我说这是一种应该弃之的"小农思维"。

全球"卖得最快的畅销书"，《别为小事抓狂》的作者理查德·卡尔森就提出"接受不完美"。这个"接受"，其实就是"弃"。

他说："我还没见过哪个百分之百要求完美的人能过着内心安宁的生活。完美的需求与内心安宁的渴望，两者往往相互冲突……我们不但不满足已拥有的一切，还拼命钻牛角尖找差错……只要我们把焦点放在不完美上，我们就脱离了仁慈与温和的目标。"

Q：他其实就在教你不过度专注在生活的差错上，放弃那些与目标无关的小事。也许当你真正放弃了对完美的追求，你就将发现生命本身的完美。

C：理查德·卡尔森还说，要"放下愈多愈好的想法"，同样是教我们学会放弃。

欲望是难以填平的深渊。一旦你认为越多越好了，你就永远不会满足。在《别为小事抓狂》一书中作者谈到他认识的一位男士，刚在一个高级住宅区买了一幢漂亮的房子，很开心。但等到搬进去的那天，他的兴奋感突然消失了，那一刻他希望自己买的是更大更好的房子。

作者分析道："'愈多愈好'的念头，让他一天都无法好好享受自己的新家。可悲的是，他并非唯一存有这种想法的人。"

这种想法，不也正是我们应该学会放弃的吗？当你放弃了"愈多愈好"，你就会满足和珍惜你现在拥有的，也就是幸福快乐。

我很赞同富兰克林的一句话，他说，放弃是生活中必须面对的一种选择，学会放弃才能卸下人生的种种包袱，轻装上阵。

"弃"是得不是失

Q：放弃到底是得还是失？弃是一种得失观，却又是一种境界，一种智慧。许多人认为它是消极的，其实相反。

C：得与弃，其实在智慧中，得的学问大，弃的学问则更大。取是一种本事，舍是一种哲学。没有能力的人取不足，没有悟性的人舍不得。

有人说，人初生时应该取，取得生命，更要取得食物，以求成长；取得知识，以求内涵。之后漫长的人生岁月，则就是一个取与舍互相博弈的过程。少年时取其丰，壮年时取其实，老年时取其精。少年时舍其不能有，壮年时舍其不当有，老年时舍其不必有，颇值得人深思。

懂得如何选择的是哲人，知道如何放弃的更是智者。选择是智者对放弃的诠释，放弃则是对选择的跨越。学会放弃其实就是拥有了一份获得。

放弃也是一种清醒，人生很复杂，可有时却很简单，简单到你只有取得最需要的和舍弃次需要的这种比较。也许取得往往可以理直气壮，内心坦然，而舍弃却需要莫大的勇气与决心。放弃并不是消极地放手，而是需要睿智的思想和博大的胸怀。

毛泽东当年的军事战略，正是将夺与弃运用得恰到好处，其中四渡赤水就是验证这个道理的经典案例。夺了弃，弃了再夺。收了放，放了又收，收放自如。

胡宗南围剿延安时，在中国革命成功的大棋盘上，毛泽东不是将延安根据地都暂时弃了吗？然而放弃了延安，却换取了一个新中国。

Q：弃有时是洞悉人生后的洒脱，有时则是审时度势后的智慧选择。成功者既要会得，又要善弃。

C：一定要善于舍弃，有弃才有得。关键是把人生、生活的本质参悟透彻，再加上对自身强弱的充分解剖，你就会懂得什么该抓，什么该放；什么该扬，什么该弃。否则你会纠结在一山一水之中，阻碍了你向更高的峰顶登攀。

弃不是无奈，不是怯懦，不是自卑，也不是自暴自弃，更不是陷入绝境时渴望得到的一种解脱。它的前提是永不放弃的过程中，要懂得在一个点上的弃。

这是一种积极的弃，叫不弃之弃。

在我们的经营上，同样也要善于得与弃。美国当年家用电器的制造工业发展正处于鼎盛时期，但随后他们毅然将此放弃给了日本，而将重心转移到了光缆和互联网的开发与应用上，由此成就了今天的美国经济。正如斯大林曾评价罗斯福的话：美国人专拣大栗子。

专拣大栗子，就是放弃了许多小栗子，就是敢弃、善弃。

我的工作经历中，也碰到得失的考验。有一次，如果一时放弃，将是 6 千万元的直接损失；但不放弃，有可能会影响到整个经营的大局。最后我还是选择了放弃。结果证明我的选择是正确的。损失的那 6 千万元，我已经在其他项目上许多次地赚了回来。而自己，又得到了一次弃的修炼。

人生总会面临许多选择，而选择的前提是懂得得到与放弃。放弃的正确，即是选择的成功。

Q：古人云：海纳百川，有容乃大，壁立千仞，无欲则刚。这是一种境界，一种修养。一个人的时间有限，精力有限，生命有限，懂得适时放弃是一种聪慧和超脱，而本质上更是一种获得。

情商第一

Q：有一个英文词汇叫 EQ，就是情商。过去，对一个成功者或优秀的人，人们总会认为他是智商高，比常人高，但不知道这个智商（IQ）其实只有0.1，而情商的效用起码是前者的10倍。你好像还说过"只有情商，没有智商"的话。

C：我讲的是：情商第一。国外专家把 EQ 称为"情感能力"。因为情商是对情感认知、开发和体验的能力，也是人所有能力中最大的能力。

情商，也并不是个老掉牙的词，因为很多人并没有真正了解情商。情商的本质就是"九情九欲"，只有我们了解了人的"九情九欲"，才能更好地了解并运用情商。

可惜现在国内的一些大学课程讲情商，我看仍讲得比较浅，非常概念化，也不完整，因为还没有深入研究"九情九欲"。书本上讲的情商，基本都是教你如何控制情绪。但我认为情商的本质是情绪的张扬，张扬的过程就是自己个性的呈现、气质的展示，以形成气场。当然负情绪也要适当控制，短暂地压制和收敛。譬如说，对方伤害了你，你非常怒，要将手中一只杯子砸过去，但瞬间还是控制了，没把杯子砸向对方而是砸在地上，这就是情商。

情商的开发不是靠书本和知识，更多来自生活的实践与体验。

还要再补充一点：21 世纪的需求是什么？一是体验；二是高科技；三是心理学；四是拥有二至三种技能与复合知识，这些与智商有关，但更关乎情商。情商会决定我们的成就。

Q：情感体验和思想体验同样重要，否则没有情商，也没有智商。

C：这其实是相辅相成的，情商促进智商，智商服务情商。情商之父丹尼尔·戈尔曼说："不了解自己真实感受的人，必定沦为感觉的奴隶。"所谓"真实的感受"，就是"九情九欲"，这是情商的首位。

第二个我们要谈到的是情境。情境很简单，大家在状态中，在事物中，在当下，你是不是也在？只要在，这叫作情境当中，那么你是情商高的。

我和《第五项修炼》的作者一起来到一片沙漠，我对他说："彼得，你看我们现在在这么美的沙漠里边，可我的心却不在这里。"

这是真的。我每次出去旅游，心都不在旅游胜地；但我每天在工作的时候，我的心都在工作现场。说到底我对旅游本身或者说旅游地点，对那片沙漠不感兴趣，所以我心不在焉。也许我要是去贩卖沙子或做旅游生意可能情况又不同，也许会看到一整片沙漠就眼睛发亮。

所以说情商，就是指人所处的情境，或者说对情境的切入，这是培养情商的空间。比如你在单位工作也好，你和客人吃饭也好，和男朋友谈恋爱也好，你都不在那个情境里，你心不在现场，人不附于环境，客人会认同你吗？男朋友会爱上你吗？单位会赏识你吗？

小孩子上学为什么成绩有好坏？关键是有的孩子心不在课堂上，因为思想会飞，飞到别的地方去了，他的成绩怎么会优秀？

第三点是情感。情感培养兴趣，人的兴趣是第一兴趣。第四点是情结。第五点是情操，包括品德、修养。第六点是爱心，对他人的爱心，善于与他人交心的亲和力、亲情、友情，爱大自然、爱社会、爱祖国的大爱……

Q：大家都在谈情商，但你是把情商的六大构成分析出来了。那我们是否再把情感和情结拎出来细说一下？

C：情结是什么？专业上叫情结，外国人叫作情绪链。当我们执着于一件事，呼吸都会紧张，做梦都在想，情绪就打结了。心中每重复一次，情绪链就粗壮一分，像是一种不解之缘。没有情绪链就很难进入情境，就很难有成就感。

《秘密》一书的作者澳洲人朗达·拜恩指出："情绪是非常有价值的工具，能立即告知我们自己在想什么。"情绪分为正情绪和负情绪，我们很多人一般都只培养或利用正情绪，但是要做一名好的领导者，势必还要掌握自己的负情绪，并能为之善用。我们还要研究如何张扬情绪和控制情绪，它们两者也是相辅相成的，合理运用才能使自己更有智慧。

Q：情绪，心理学通常指：感觉及其特有的思想、生理与心理的状态及相关的行为倾向。为什么有的人情商不高呢？其实大家只要神智健全，情商都是差不多的。其差别在于，有没有深入地进入到情感的环境里边去。

C：哪个人是天生有情感的？没有。为什么人们大都对自己的母亲的感情特别深，因为人一降生第一眼看到的就是妈妈，妈妈给你喂奶、抱你，给你洗澡换衣，这些都是情感构成的情境。而你就是长期在这样的情境中，渐渐形成了对母亲那一份特殊的情感，形成了情结。

而在事业和工作上，还有调查发现：情商对于员工的绩效评估，至少是认知能力的两倍，而且在顶尖领导者的表现中占到85%以上。因为情商高的人懂得：情境容易找本质，情感容易找联系，情结容易找规律。

那如果你对某件事情没有进入情境，没有情感，没有形成情结，你产生的成就感必然没有那么大，也就没有归属感。

情境会激发情商

Q：《错觉》一书的作者美国人约瑟夫·哈里南分析过：我们看到的只是自己感觉的那一部分，我们只注意自己希望看到的。这都是情境的原因。他还说"了解事情发生的情境极有必要"，可以说情境是情商开发的最重要的外因。

C：对，情境会激发人的情商！

情境是由各种各样的事物产生的，譬如有成就感也是情境；受到别人的表扬，也能产生一个情境；碰到对手或敌人的挑战，也是一种情境；你去消费，那商场或饭店就是情境；你去旅游，自然环境是情境；小孩上课，课桌，老师和写字的黑板是情境……2010年上海世界博览会的美国馆我觉得建得很好，因为它就是通过情境化的演绎来体现美国精神的。

在情境中人就能进入四维生活；反过来说，人的立体思维也就是情境。

关于情境，著名心理学家弗雷德里克·皮尔斯认为：情境就是此时此刻，是当下，是唯一的现实。对我们来说，除了此时此刻的情景以外，不存在任何别的东西。人的注意力往往是不够集中的，那就更需要让大脑情境化。它会让你完全处于状态之中，并更投入当下。

情商高的人，反应于当前情境，并被当前情境所指引。这种人的反应是灵活的，是现实主义的。他们与现实处于完全接触中，客观地感觉情境的各个方面，而不是通过不合理的幻想、经验、书本或他人的指示察看情境的。

Q：说到底，活在情境中，那就是接触真实，面对现实，客观、自然地应对，要去除太多的幻想，去除教条。

C：情境对于当年的毛泽东来说，就是实事求是，找出本质，找出规律，按事情的本质规律办事。譬如当时社会的本质就是，农民要有土地和粮食。而面对情境的方法便是：一调查研究，二总结经验，三提炼思想，四理论指导。

所谓的情境领导用一句话解释就是，管理者在领导和管理团队时，不能用一成不变的方法，而要随着情况和环境的改变，来改变自己的领导和管理方式。其核心就是《孙子兵法》上的"因人而异，因地制宜"。

前文提到 2005 年，我和彼得·圣吉在沙漠里旅游，他还说过一段话：领导力的本质，在于将愿景与现实联系起来，让个人愿景成为共同愿景。树立愿景不难，真正难的是开诚布公地面对现实。他这里说的面对现实，就是在情境中。

Q：古人言"触景生情"和"近朱者赤，近墨者黑"，都是讲情境对情感的影响。关键要在那个情境当中，才能建立情感；情感的浓度，会凝成情结，再进入情境，这是个循环。

C：我参加过智英组织，听过彼得·圣吉先生的很多深度会谈。什么是深度会谈呢？就是讨论细节，剖析得细，当然前提是听得细。很简单，他首先教我们怎么听，我说我们不会听吗？后来我听他讲课后，才明白听也是有技巧的。要学会倾听，听的本身就是你在记，并融入那种情境当中。假如连场景都记不住，那你就不在这情境当中了。

还有就是讨论，它会增强你的记忆，激发你的灵感。因为讨论的本身就构成了一个情境。故事也是情景。一幢建筑，为什么除了规划图、施工图，还要先出效果图？就是通过情境规划，激发对方的认同感。

我们红星美凯龙的商场，办公区通常设在顶层，员工上下班每天都要经过各个楼层，目的就是通过情境来增强管理人员的现场感、第一时间感，从而提升他们对市场的敏锐与快速反应能力。

人在哪里一天，心就要在那里，眼睛就要在那里，耳朵就要在那里，我们的思考才在那里。不要我们的人在那里，心却不在那里，脑子也不转动。

率真：交挚友的 VIP 通道

Q：《生命时报》曾和搜狐网健康频道联合做了一个调查，发现有 81.56% 的人认为现代社会中朋友越来越少，特别是值得信赖的朋友越来越少。

C：值得信赖的朋友就是挚友。有共同志向的朋友，不同背景、经历，靠信任而走到一起的知己，也可称"知密"。朋友对你的影响力，或者说彼此的影响力是非常巨大的。身边正义的朋友多了，你的力量自然也强；多交有正义感的朋友，处事做人帮理不帮亲，自然会获得他人的尊重。所以我一直呼唤要净化朋友圈。

Q：我们的外因，更多就是朋友。甚至在现代观念里，攒朋友比攒钱更重要，攒朋友就是攒健康。

C：当人际关系日趋冷漠、功利，友情缺失，又怎样才能够交上挚友呢？根据我的自身体验，可介绍一条友情的 VIP 通道——率真。

率真，就是坦率与真诚，这是真友谊的核心基础。

具体来讲，第一条就是说真话，并且让对方清晰地感觉到，以此赢得对方的信任。绝对不要说假话，不要说谎，因为谎言不仅让你总有一天会丧失信誉，失去朋友，同时对自身也极为有害。它会破坏你大脑本来的健康记忆，久而久之就会损坏你的思维功能，很多事物会模糊，大脑会麻木，精神也会颠倒无疑。

第二是可以坦率地承认自己的缺点、过失和错误。在好朋友面前人为的掩饰，反而显得很虚伪，不如直截了当把自己的问题袒露出来。当然，当你发现朋友身上的毛病，也应该直率地当面指出来，而非事后、背后去做评点。这就是所谓比较高的"净友"的境界。

第三是处事爽快。我发现即时回应就比较有感觉。朋友请你帮忙，你一定要尽快地，最好是在第一时间就为之落实、办妥，这点我自己就总是如此。朋友托我办的事，我基本上当他面就会立即打电话处理好。我发现这种方式给对方受重视的感受完全不同，对友情的提速也大有帮助。反之，你把一件事拖了很长时间，尽管也办好了，但对方的愉悦感会大打折扣。因为他是来求助于你的，本身就多少带有自尊心理的障碍，而你的爽快无疑会很快抚平他的障碍。

第四是诉说你的秘密。每个人内心都会有一些难以告人的秘密，但你对好朋友不妨诉说。过去我们讲"以心换心"，就是这个道理。你把你的秘密同这个朋友分享了，不仅给对方的信任感自然会上升，而且还会给予他作为挚友的一种成就感。和对方共商问题，是一种心灵的沟通。这就叫"知己知彼"和"知心"嘛!

其实，能把心里话说与别人，也是一种能力。

Q：这4条看似普通，其实是结交挚友的高招，挚友就是人的财富。

美国的社会学家杰拉尔德·莫伦霍斯特说过，拥有知心朋友就相当于构造了一道安全网。

C：最后再讲一个关于李嘉诚的小故事。

大家知道，李嘉诚早年是从做小小的塑胶花开始创业的。有一次，一位需要大量塑胶花的订货商找到他，但对方要求他提供具有实力人士的亲笔担保书。那时的李嘉诚谁也不认识，但他没有放弃，连夜设计了9款样品放到订货商面前，并坦诚地说："我实在找不到殷实的厂商为我担保，十分抱歉。"这时对方却笑着说："李先生，你不必担心，我已经为你找好了担保人。"李嘉诚愣住了，订货商接着说："这个担保人就是你，是你的真诚。"正是这次成功的合作，让长江公司站稳了脚跟，真诚也由此成了李嘉诚的"财富密码"。

用率真去交挚友，以友情来滋养心灵，并且先付出，应该是我们精神生命最好的保健品，也是事业成功最好的助推器。

婚姻有 11 张保鲜膜

Q：一个平时很内向的女孩子，一天早晨却突然兴奋得逢人便笑逐颜开。周围人不解问其因，她大声说："我有保险啦！一辈子的保险！"原来，同她交往了五六年的男朋友，昨天终于和她去领结婚证了。

很显然，在这位女孩的心目中，结婚证就是婚姻的保单。

C：这个女孩子的话，其实代表了好多人的想法。不能说她错，只能说她傻。问题是她不懂得，人是生活在运动、发展、变化过程中的，尤其人的观念，也包括她自己。

变，是人成长的核心。那婚姻的核心是不变的吗？不是，不变的应该说是夫妻双方的关系，而非婚姻生活中的诸多元素。

如何以不变应万变？首先必须知道，婚姻是生来就没有保险的，万变而不离其宗的"宗"是何物？保鲜。

Q：保鲜二字，你以前也讲过，它等于学习两个字。学习了解对方，学习理解对方，学习共同的知识，学习彼此都感兴趣的东西……

C：我的许多心得也都是学习和体验来的，今天把它们归纳一下，可以说是送给读者的 11 张婚姻保鲜膜吧！

第一张是**欣赏**。欣赏的基础是知心，先在生活中通过共同爱好的培养，产生更多的共同语言，更多地了解对方内心的声音，通过学会体验对方，心灵沟通了，情感交融了，就会从彼此认同达到彼此欣赏。

第二张是**志同道合**。建树共同的理想和目标，这可以是大的人生志向，也可以是某个生活的小项目，但必须是共同去完成它。在这过程中培养更多共同的爱好，如一同旅游，看电影，运动，也可以一起看一本书，或者一同打一次牌等。彼此还应该学一点对方工作的职业知识，就会多一点共同语言。

第三张是**关心孩子**。孩子是爱情的结晶，婚姻的作品，夫妻双方共同给予孩子更多的时间，更多的关爱，不仅有益于孩子的健康成长，而且能更好地提升婚姻的质量。反之，与孩子一旦出现矛盾，也会折射到夫妻身上的。

第四张是**热情**。夫妻对对方均应充满热情，多一点笑声，多回忆彼此间美好的生活情景，用热情之光驱除生活中可能产生的阴影。

第五张是**互补互帮**。家庭生活中夫妻可能有分工，但双方应该尽可能去帮助对方，而不应认定哪件事应该谁干。更好的是共同参与，譬如妻子会烧菜，那丈夫可以去买菜，把菜洗好了让妻子去烹调嘛。还有就是共同完成家的装修和布置，这一点很重要，我也无数次地呼吁过，它会十分有效地促进夫妻之间的情感。

第六张是**睡衣**。尤其是妻子要有一件很好的睡衣。男人是雄性动物，也是多情的动物，当拼搏了一天的他回到家中，肯定会在妻子的这件睡衣上，读出柔情与温暖。当然我建议男士也应该有一件好的睡衣，让自己更绅士些。

第七张是**有隙**。这个"隙"怎么理解？就是适当的间隙。譬如在有条件的情况下，使用各自的卫生间，像刷牙、如厕等至少不同时使用，这是说夫妻间也要善于保护某些隐私，要注意把美的一面多留给对方，而避免过分的随意。

第八张是**依赖**。恋爱的时候，往往多讲爱情，结婚后更多的则转化成为了亲情，这是夫妻相伴一生、白头偕老的最根本的基础。婚姻生活中需要彼此的留恋、在乎，特别是互相的依赖。我们经常会被公园里一对老夫妻手搀着手散步的情景所感动，这就叫依赖。

第九张是**不断付出**。婚姻是需要彼此付出的，不光是恋爱要付出，建立一个家庭后更要付出，如果哪一方不再付出了，婚姻一定会出问题。而且要不断地付出。我们生活空间的硬件都要保洁，何况情感空间呢？付出就是为了保洁，保洁为的是永不折旧。

第十张叫**不猜谜**。有些夫妻不管是对某个生活目的，或者个人喜好的细节，都不喜欢直截了当地向对方表达，而总是喜欢让对方猜。当然这偶尔作为夫妻情感的小佐料亦可，但变成习惯则贻害多多。因为一方一旦猜错或者未猜出来，另一方的情绪必定一落千丈，乃至抱怨，反而影响了正常的交流。所以我提倡的是，把需求，乃至抱怨都说出来。

第十一张是用**良心激发爱心**。或许喜新厌旧是人类这种动物的天性，夫妻朝夕相处，长年厮守，彼此情感如不刷新，就难免会出现所谓"花心"的意念，甚至行为。那怎么应对？我认为打好自己的良心牌，就如同职场上的"以德换能"一样。唤起了良心，"花心"就会不安；如果有背叛就会内疚，那再继续呼唤，另一个受到良心的谴责后就会忏悔。

那良心牌的关键是什么？是无条件的爱。这包括深爱对方，用心去爱孩子，爱双方的父母，爱共同创造的家。以真挚朴素的善，去不断改善难以停留在外表的美，若持久必会激发对方巨大的爱。再借用心理专家的一句话："让'爱的箱子'再满一点。"

Q：很实用的11张保鲜膜，如果可以做到，那才是真正的婚姻保单。应该承认，婚姻生活有时是浪漫的，有时也是平淡、枯燥的，只有保鲜才能不断激活生活中的激情。

古人说夫妻是"百年修得同船渡"，由于我们身处在一个多变、速变的时代，恐怕拥有这 11 张保鲜膜的婚姻之船才能与时俱进，一往无前。

C：婚姻是一门学问，更需要用心经营。我分析过离婚的原因：个性不一致，这可能是前提，但还有志趣、智慧、精神等诸多因素，所以我们千万不能忽略共同精神追求这一重要的黏合剂。当然婚姻还有许多方法与技巧，我今天说的这 11 张婚姻保鲜膜也只是其中很小的一部分，而经营的核心是：学习对方的喜好，让感情升级。平日在情感的账户上多储蓄一点，更不要随意透支。

把家当成一棵树

C：把家当成一棵树——这是我的理念。

为什么？理查德·卡尔森在他的书中说："爱植物本来的样子是很容易的，因此栽种一棵植物可以提供给我们一个绝佳的机会练习无条件的爱。"

对于家庭，我们不正是需要一种"无条件的爱"么！他的话给了我莫大的启发，本来我们都在精神生活的目标下，寻找内在的平和，但一旦有了条件的前提，期望对方所作所为都符合自己的意愿，期望对方会遵照自己的行为方式而改变，那一切就会变得很困难，因为你往往会失望，你在期待回报，你有了功利心。

人们养宠物也在图回报，哪怕让它为你叫几声。只有植物，你每天默默地浇灌它，它也只是默默地生长。直到哪一天，你忽然发现它已经长成了一片绿荫，那你内心的愉悦是无法形容的。不要回报，你也许会生活得更自如、幸福。

Q：把家当成一棵树，这个理念太好了！练习无条件的爱，其实真正受益者还是你自己。因为你就不会失望，也不会烦恼，反而会拥有更多的爱。

C：《秘密》一书中，就透露了这样的一个秘密："想要获得爱，就让自己填满爱，直到你成为爱的磁铁。"

成为磁铁，那就异性相吸了嘛。《时尚家居》的主编殷智贤女士经常同我交流家庭观，她说过，夫妻不一定要完全志同道合，互补型的也很好。我觉得很有道理，如今社会知识和工种分化越来越细了，70年代后的夫妻已从过去整体全面的志同道合，开始过渡到互补型时代了，局部的志同道合也完全可从互补到相吸。

为什么要"练习"无条件的爱？因为许多人还不懂得这种爱必须是夫妻共同精心种植和培养的。这里我有个"四同"的小体验可供大家参考。

一是同餐：全家人一起吃饭会促进沟通，如果饭桌上再讲一两个风趣幽默的小故事，更会平添快乐的氛围。

二是同游：家人一同外出旅游既是非常好的亲情体验，同处一个情境的体验，更对小孩身心成长益处良多。特别是一家人在异国他乡，或深山丛林中，更会感受到亲情的价值。

三是同读：譬如同读一本书，同看一部电影，像《唐山大地震》、《2012》等大制作电影我就一定等全家人都凑齐才去影院观看，体验效果肯定不同，回来大家又多了共同交流的话题。

　　四是同做：就是争取全家人都来参与做一件事，哪怕是配合烧一桌菜，共同讨论房子的装修。

　　借此我尤其要强调房屋装修对家庭生活的正作用，其实房子不光是家的硬件，更是情感的载体。人为什么对母亲特别有感情？母亲为了孕育我们而十月怀胎呀，房子的装修也是同理。如果住进的是全装修房，双方入住时的幸福感肯定要差许多，因为没有享受到共同谈论、奔波、参与装修生活空间的过程嘛。所以我是建议装修房子尽量慢一点，就像梳头、化妆、洗澡那样用轻松愉快的心情去面对，每天花两个多小时也就够了也用十个月的时间嘛。在这个过程中让感情升温，共同把房子当成爱的结晶来装饰。甚至，有条件的家庭还可以把客厅装修成一个随时可以与爱人起舞的浪漫空间。拥有30年婚姻的夫妻，如果中间有条件重新装修五六次房屋，那必能有助于稳定夫妻感情，因为家居的刷新带动了情感的刷新嘛。

　　Q：你的这个倡议非常好，用共同装修来加深夫妻间的情感，即使是共同去面对装修过程中碰到的烦恼和困难……前些年有篇很有名的小说，就叫《分享艰难》，说的就是这个道理。因为无条件的爱，不光是接受阳光和微笑，更要利用这种爱的能量，去化解生活中可能出现的阴霾与痛苦。

　　C：家庭中即使遇到争吵，也不必过分敏感，从科学的角度来看，偶尔的小吵小闹还有益于身心健康，因为人的性格、兴趣不可能完全一样，小吵中也可以获得互补。不过，随后的及时修复非常重要。

美国有一对夫妻，本来很开心地开车去看尼加拉瓜大瀑布，可忽然为一件小事，在整个三小时的车程中一路争吵。结果到了瀑布前，妻子就是不肯下车，她生气地说："过程不幸福，结果也就没意思了！"于是，景点所有的美感都没有了，彼此心情还糟糕到极致。其实是因为他们没能在旅途中及时修复，就演变成了一种"爱的脱磁"现象。

对于亲情的修复，不管是夫妻间，或是与下一代，还是与对方的长辈之间的亲情关系等都千万不能忽视。对此我的体会首先还是无条件的爱，具体方法：一是用真诚的善意去明确示好和付出；二是再积累和调动储存的恩情，让彼此回忆起相处的美好场景；三是以主动的姿态去感动对方。

人在25～35岁时是爱情时代，35～45岁应该进入友情时代，45岁以上是"友情＋亲情"的时代，60岁以上则是恩情时代了。所以相爱的夫妻恋人，还一定要爱对方的亲人，爱对方的父母、兄弟姐妹。哈佛大学泰勒·本－沙哈尔教授谈幸福时就讲，多花时间和我们喜欢关心的人，且喜欢关心我们的人在一起。

爱一棵树，肯定要爱这棵树的每一片叶子。

记得8年前一个春节，我在家体验亲情，有感而发随手写了首小诗，现在拿出来与大家分享，相信会赢得一些共鸣吧！

家不仅是漂亮的房子

家是心与心的交融

家不仅是豪华的装饰

家是情绪倾诉的空间

家是风雨同行的船

家是心灵的港湾

家是心情的湖泊

家是心中的泰山

家是温暖的怀抱

家是一生的归宿

"家，不仅是漂亮的房子；家，是心与心的交融。家，不仅是豪华的装饰；家，是情绪倾诉的空间。家是风雨同行的船；家是心灵的港湾；家是心情的湖泊；家是心中的泰山；家是温暖的怀抱；家是一生的归宿。"

Q：的确，家是心灵的港湾，当疲惫的心灵需要休息时，港湾一定是无条件地张开它的怀抱来迎候你的。

C：在一起，就是无条件，也就是忘我与无私。

附录

怎样强壮细胞

——可以实践的"十一个理论"

我有三个好朋友，一位是上海长海医院肛肠外科主任傅传刚教授，他是专门诊断和治疗大肠癌的专家，是中国肛肠学会的副会长，上海市结直肠专业委员会的主任委员。他在国际上很有名，最近几年在美国、日本、俄罗斯、巴西等地作为特邀嘉宾，代表中国做过十多次有关大肠癌治疗的演讲，在中央电视台的《健康之路》和上海电视台的《名医大会诊》做过近20次的关于肠道健康的访谈节目。

第二位是上海长征医院的王金林教授，他是专门研究细胞的。他到美国的国际卫生会议上去做过两场演讲，在中央电视台的《健康之路》也做过两次专访。他对细胞的研究已经位于世界尖端水平。

第三位是深圳的徐教授，他是专门研究中医经脉和血液的，就是血液系统和经脉系统。

他们三位和我的私交非常好，这5年中我们经常在一起聊天，我经常向他们提问，逐步得出了一个我自己的细胞理论。我自己号称，学了我的"细胞理论"之后，并注重实践，可以更延长寿命15年。

一、了解细胞

人，看上去比较强大，但要是将他分割开来说，也很脆弱。人其实都是由细胞组成的。我们身上所有的东西都是细胞拼出来的，包括肌肉、皮肤、血管、五脏六腑……细胞是构成人体的基本单位。我们吃饭也好，保健也好，运动也好，休息也好，都是为细胞服务的。

骨头也是细胞拼出来的，不吸收钙，骨细胞就没有强度。神经也是细胞拼成的，像电线一样长长的，连通全身，用于传达信号。构成我们肌肉的细胞是长条的，像缆绳一样一丝一丝地组合在一起，这样就有拉力了。

人体神奇在哪里呢？就是每一个细胞所在的地方都有血管，都有毛细血管给每个细胞供给营养和氧气，否则细胞就没有办法存活。我们身上的毛细血管加起来非常长，全身的毛细血管如果连起来，可绕地球赤道4圈。血液通过动脉血管到毛细血管，留下营养，然后通过静脉带走垃圾，再回流到大的静脉，最后回到心脏。

二、认识细胞

细胞是有机体，是人体结构和功能的基本单位。人体大约有40 万亿~60 万亿个细胞，细胞根据部位和功能不同其形状也不尽相同，有圆的、方的、长的、扁的，大部分细胞的直径在 10微米~20 微米之间。

尽管人体细胞的形态和功能不同，但在结构和组成上大部分基本相似，新细胞是由已存在的细胞分裂而来。细胞吸收需要的营养和氧气后变得强壮，身体需要时可以分裂性地生长，一个变两个，两个变四个。衰弱的、差的就会死亡，被淘汰掉，强壮的、好的则留了下来，完成新陈代谢。

每个细胞都有一定的生存期，与人的生老病死一样，到了一定的期限就会自然死亡，大部分细胞生存期为 100~200 天，一般情况下代谢越旺盛、越容易受到损伤的细胞生存的时间越短，胃肠黏膜细胞的生存期只有 3 天左右，血液中的白细胞有的只能活十几天，皮肤细胞生存期为 200 天左右，肝细胞生存期为500 天左右，而脑与骨髓里的神经细胞的生存期有几十年，同人体寿命几乎相等。心肌细胞和神经细胞类似，不是分裂性生长，而是吸收性强壮，生存期很长。

人体的许多疾病是因为细胞机能失常引起的，如果能维持细胞的营养均衡，氧气充足、血流畅通，细胞就会不断地新陈代谢，那么人活到 90 岁、100 岁都不会有问题。

我们身上有两种重要细胞：第一种是红细胞，又叫红血球，形状像一个个小的圆盘一样存在于我们的血液中，有 20 万亿～30 万亿个。它们像高速公路上的卡车一样负责从我们的肺里装载好细胞最需要的原料——氧气，然后运输给身体的每个细胞使用。红细胞中含有血红蛋白，所以血液呈红色。血红蛋白中有铁元素，所以贫血的人宜多吃含铁丰富的食物来补血。血红蛋白能和氧结合，因此红细胞能通过血红蛋白将吸入肺泡中的氧运送给组织，将氧交给细胞后，然后又会与组织中新陈代谢产生的二氧化碳结合，将它们运到肺部，排出体外。

红细胞的生命周期是多久呢？120 天左右（平原地区）。当血液中的红细胞和血红蛋白的数量减少到一定程度时，就称为贫血，这时我们的组织和细胞就会缺氧，人就会感到没有力气，缺乏精气神了，就像汽车没有了汽油或汽油里掺了水，开不动了，脸色也会变得苍白。

第二种是白细胞，白细胞是我们身体内的"警察和武装部队"，负责消灭外来的敌人，清理血液和组织内的垃圾，保护人体的各个系统。白细胞的生命周期约为 7～14 天。正常情况下我们的胃肠道和皮肤等一直要与外界的有害细菌接触，人体的口腔和体表随时随地都会有细菌，之所以不会生病、感染，就是因为有一支非常强大的"武装部队"在时时刻刻地保护着我们。如果在哪个部位细菌过于强大，而我们的部队没有压倒性的优势，就会在这里发生激烈的战斗。它的另外一个任务是清除体内的衰老细胞和变坏了的细胞。这些坏细胞如果在刚开始变坏时就被清除，我们的身体是不会出现问题的。如果他们进行了伪装，让我们的"武装部队"无法识别他们是坏蛋，他们就会肆无忌惮地无限繁殖生长，最后甚至将我们的"武装部队"也打败，导致人也死亡，这就是我们常常听说的癌症。

无论是红细胞还是白细胞都是由我们的骨髓生长出来的，然后在血管里流动。多锻炼可以让血液流动加快，毛细血管扩张，到达组织的通道就会变得通畅，红细胞和白细胞就容易到达各个部位，清除淤塞，杀菌化瘀。

三、认识五脏六腑

我们的五脏六腑就像中央政府的各个职能部门，各司其职。

心，我们的心脏就像机器的发动机和高压泵，负责将血管里的血液泵到它们应当到达的地方去。如果我们的心脏出现了问题，高压泵的压力就会降低，血液就不能被泵到距离很远的末梢毛细血管，就会出现血液的淤积，细胞就不能尽快地得到所需的养料和氧气，代谢产生的垃圾也不能被及时地运走。人为什么要运动呢？运动其实就是为了让我们的血泵的流量更大一点，冲击力更大。随着年龄的增长，心脏功能减弱，泵血量也在逐渐减少。血是我们整个身体的输送带，血里面承载了很多东西，比如：红细胞、白细胞、营养、水、氧气……他们会随着血液流到每一个细胞去。如果泵的力量不够，血泵不到毛细血管的端头，部分细胞就没有东西吃，长期下来就会提前衰老和死亡。

肺，是负责吸收氧气，排除二氧化碳的。它不停地扩张和收缩，通过我们的气管和支气管将氧气吸入肺内的几亿个很小的肺泡内，然后再将氧气转到血管里，由红血球承载后送到组织和每个细胞；红细胞在组织内将氧卸载后装上二氧化碳，再运到肺泡内通过呼气将其排出体外。

空气中的污染，会增加肺的负担。吸烟，也会增加肺的负担，加剧对肺的损害。

胃，近端连接食管，远端连接小肠，就像我们常见的搅拌运输车。胃壁有五层结构，最内一层是粘膜，可以分泌很多消化食物的酶、胃酸和液体，最中间是肌肉。食物进入胃以后，胃壁的肌肉一边蠕动，黏膜一边分泌，将我们吃的东西和这些消化酶与食物搅匀进行化学消化，同时一点一点地传送到远端的小肠内。

小肠是我们体内最为重要的吸收营养的场所，有 5 米多长，表面有地毯一样厚厚的绒毛。当我们吃的鸡、鸭、鱼、肉、蛋、蔬菜、水果等食物进入小肠时，大部分已经被我们的消化液分解，由原来的动植物脂肪、蛋白、多糖变成基本的脂肪酸、氨基酸和葡萄糖，这些成分渗入厚厚的绒毛内，被绒毛上的细胞吸收，通过血管转运到肝脏。

肝，是我们体内最重要的加工厂和解毒车间。我们吃的所有东西在小肠被拆解后，变成营养成分经过血管被运送到肝脏，在这里经过肝细胞的加工变成对我们机体无毒、能够使用的原材料，再被送到各处的组织和细胞去使用。如果我们的肝脏出现问题，这些东西得不到肝脏的解毒和处理直接跑到全身的血液里就会出现中毒症状。如果我们吃的营养太多，超出肝脏的处理能力也会对肝脏造成损害，形成脂肪肝。喝的酒太多、蔬菜上的农药残留等，都需要通过肝脏解毒，解毒以后再通过肝将营养输送到血管里，流到全身。所以，少喝酒能减轻肝的工作负荷。

肾，相当于污水处理厂，它与我们的血管相连，内部充满毛细血管，在毛细血管的部位分布有众多的滤水器上的滤膜一样的结构。当血液流经此处时，我们机体多余的水分、代谢产生的废物，例如尿素、肌酐等就会通过滤膜形成尿液，通过输尿管进入膀胱排出体外，起到不断地循环过滤排毒，保持机体健康的作用。如果我们的肾脏出现了问题，多余的水分和毒素就不能及时地排出。

脾，有滤血、清除衰老血细胞等功能。

四、细胞需要吃什么

人要吃饭才有力气，才能生存，我们的细胞也同样需要有营养的支持才能健康地存活。那么细胞到底要吃些什么？我们可以说是多种营养，也可以说是多种生命的原料。

第一个是氨基酸。我们机体组织的主要结构，包括肌肉、神经、内脏、皮肤等均是由各种蛋白构成的，而各种蛋白又是由不同的氨基酸组成。就像我们的城市是由许许多多的建筑构成，而各种建筑又是依靠各种钢筋、水泥构成一样，氨基酸是我们人体结构的最基本的成分。我们人体所需要的氨基酸一共有18种，其中有10种我们的机体可以自行合成，即使我们吃的食物中没有也没有关系。但还有8种氨基酸则需要从我们所吃的食物中直接获取，叫作必需氨基酸。我们吃下各种食物后，其中的蛋白在小肠中被分解成氨基酸，小肠细胞会根据身体的需要有针对性地将其吸收到肝脏，去合成我们自己的蛋白。

第二个是脂肪，它即是我们细胞和组织的重要组成部分，比如我们的皮下就有一层厚厚的脂肪来保护我们的肌肉和组织；我们的细胞膜上也有很多脂肪，没有这些脂肪细胞就无法生存。同时脂肪也是我们机体中重要的能量储备，许多北方的动物夏天吃很多食物，在身体内储备很多的脂肪，到了冬天没有食物吃的时候就通过消耗这些脂肪产生能量。我们食物中的脂肪包括植物脂肪（豆油、花生油、橄榄油等），它们都是天然的，属于不饱和脂肪酸一类，对于我们身体更加有好处；另外一类是动物脂肪，存在于鸡鸭鱼肉蛋中，这一类脂肪大多是饱和脂肪酸，如果我们吃得太多就会出现高血脂、脂肪肝、高血压、心脏病等，而且也会有更高几率得大肠癌。

第三个是碳水化合物，也就是糖。糖有很多种，包括多糖和单糖等。多糖主要是各种植物的结构元素，但是我们的细胞和体内也有许多糖的成分。单糖我们最熟悉的就是葡萄糖，它是我们细胞最为重要的燃料。我们吃了许多食物，尤其是五谷杂粮、蔬菜、水果后，组成他们的多糖在小肠中被降解为单糖，然后被小肠吸收，在肝脏中合成细胞需要的葡萄糖供给我们的细胞使用。一旦我们吃的东西太少就会出现低血糖，细胞没有了燃料，人就没有了力气。

第四个是维生素，这个名字是从西方过来的——叫"维他命"，维持生命的元素。目前所知的维生素有20多种，分为脂溶性维生素和水溶性维生素两类。前者包括维生素A、维生素D、维生素E、维生素K等，主要存在于动物性食物中；后者有B族维生素和维生素C，主要存在于植物性食物中。水果蔬菜里面含有很多的维生素，它是细胞要吃的一个很重要的食物，许多细胞的病变就是缘于维生素的缺乏。维生素是维持细胞功能的一个很重要的元素，像口腔溃疡，就是缺乏维生素的表现，细胞无法进行修复，碎了、破了。

第五个是矿物质。人体内需要 50 多种矿物质，矿物质是我们细胞合成的很重要的一种元素。比如说盐，盐就是一种矿物质。在一万多年前，人类是不知道吃盐的，那时候的人只活二三十年，人不吃盐会短命，但盐吃多了对身体也不好。

各种矿物质在我们的体内发挥不同的功能，例如钙是构成骨骼、牙齿的必要元素，就像水泥是构成大楼的重要成分一样，骨骼内的钙少了骨骼就没有了强度，小孩就会出现软骨病，站立久了就会出现罗圈腿；老年人骨骼内的钙减少了所以就很容易断裂。钠、钾、钙、镁等还是维持细胞功能的重要元素，尤其是体内各种信息传导所需的物质。人体的所有活动都依靠神经进行信号的传导才能进行，神经就像电线一样将大脑与所有的脏器相连接，大脑想把右手抬起来，就会通过神经将命令传给右手的肌肉，然后右手的肌肉就会收缩，抬了起来。而这些信号的传递就需要神经细胞表面的电解质的变化来进行，一旦电解质的浓度发生了改变，这些细胞的活动就无法正常地进行。例如安乐死，其中的一个很简单的方法就是往血管里注射高浓度的钾，血液中的钾浓度一旦过高，心脏肌肉的信号就无法传递，心脏就不能正常地收缩，会立即停止跳动，人也就会死亡了。

另外的一些矿物质虽然在体内的量很少，像磷、锌、硒等，但对促进细胞及神经系统功能和肌肉收缩至关重要。农作物也吸收矿物质，只是它的量比较小而已。农作物吸收矿物质之后，通过食物被我们的身体吸收；矿泉水矿物质含量更好。江西宜春有个县，那个地方山上的水、温泉含硒量比较高，那儿的人极少患癌症。

第六个是水，细胞的80%左右是水，我们所有的活动的前提是细胞要有充足的水分，没有充足的水分，细胞的功能就无法正常运行。我们经常看到有些人在特殊的情况下7天，甚至一个月没有食物吃，仍然活了下来，前提条件是虽然没有吃的，但一定有水喝，否则几天人就会死亡。

第七个就是氧气，我们吃进去的食物只有在细胞有氧的情况下才能变成能量被细胞利用。就像汽车光有汽油是不行的，一定要有氧气，汽油才能燃烧产生能量。我们的大脑只要缺氧7分钟以上就会产生功能紊乱，缺血半个小时以上就会死亡。氧气和糖燃烧排出二氧化碳和水，这样细胞就强壮了，然后一个就变两个，两个就变四个。

五、为什么我们有些菜喜欢吃，有些不喜欢吃

为什么洪韶光教授讲吃东西要杂？红的蓝的白的黑的，五谷杂粮，鸡鸭鱼肉蛋。因为各种食物的成分是不一样的，而我们

的身体需要各种各样的元素才能正常地运转。包括氨基酸，一共有 20 多个品种，其中有 8 种是不能合成的，一定要由人吃进去的食物来提供。只有什么都吃才能达到营养均衡，保证全面的营养。

另外，我们的口腔、消化道里的酶，以及口感会有一定的记忆，尤其是小时候的饮食习惯会让我们产生记忆，所以北方人喜欢吃面食，南方人喜欢吃大米，印度人喜欢咖喱，美国人喜欢牛排，日本人喜欢吃寿司和生鱼片。其实人吃得杂后，对食物慢慢咀嚼，对各种食物也会慢慢喜欢的。有人认为喜欢吃哪种就是缺哪种，这是错误的。我们越是不喜欢吃的才越缺。

什么叫山珍海味？

山珍，就是天上的飞禽，地上的走兽（野生、放养的动物）。它们飞到哪吃到哪，走到哪吃到哪，吃虫、吃草、吃谷物，吃得很杂，所以氨基酸全面，矿物质（微量元素）丰富，味道鲜美。

海味，就是海里的鱼虾等。大海无风三尺浪，海水流动大。鱼是游动的，四海为家，游到哪吃到哪。大鱼吃小鱼，小鱼吃虾米，食物链也很杂，海里的矿物质也比较丰富。所以，吃得杂，才成为了海味。

如果把人体比作一部机器，我们人吃的蛋白质就相当于机器的零部件；糖、脂肪就相当于汽车用的柴油、汽油，维生素和矿物质相当于机油。如果缺乏了氨基酸或者氨基酸的种类不全面，机器的零部件就难以维护和更新，缺乏了糖和脂肪就没有了动力；维生素和矿物质不全面，人体的机器就无法正常运行。

身体无论哪个地方出问题，都是细胞出了问题。比如说心脏病，主要是我们的血管壁内垃圾增多，壁肥厚了（营养过剩，脂肪堆积，血脂增高，淤积在血管壁上所致），血管阻塞、不畅通。我们的血管窄了，心脏压不动，就变成了心脏病。我们的血管变硬的原因有两种，一种是油脂吃太多，另一种是胆固醇变高。血管变硬了就容易爆裂。

癌症也有多种原因：第一种是细胞变坏了；第二种是"武装部队"的能力下降了，细胞免疫力不强，不能及时地发现消灭这些变坏了的细胞等。

六、细胞如何才能强壮

日本是目前世界上最长寿的国家。日本女人平均寿命是 86.4 岁，日本男人的平均寿命是 79.6 岁。

日本人长寿最重要的原因有两个：第一是饮食特点，日本人吃菜品种多、数量少、不油腻。我吃过日本新干线的快餐，有 28 个品种，每样一点点，做得很精细。日本的老百姓家里做的菜也是这样，黄瓜就两块，而且比饭店做的菜品种更多。在他们的民间饮食习惯中，要求每天吃到 30 种左右的食品，而且三天内尽量少吃同样的食品。此外，日本人吃海产品、豆制品比较多。

第二个就是运动特点，日本人走路都很快，这是以前养成的习惯。以前的日本人腿都很短，加上工作压力大，所以走路都很快。

再有，日本人爱洗澡，爱泡温泉，这对健康大有裨益。

七、人为什么要运动

所有运动，不管是走路、跑步，还是打羽毛球等，目的只有一个——提高心率，即提高心跳的频率 20% ~ 50% 左右。心跳得快，血供应量大，冲力大，这样就可以冲到我们的毛细血管。

我们身上的毛细血管也是容易堵塞的，先是淤，然后就是堵，这样白细胞就过不去，过不去就永远是淤的，越是这样就越吃不到营养。

为什么说我们的内脏容易生病呢？内脏体系的血流没有外部器官的血流畅通，原因是我们的手脚都在外面，是血管的末端和神经的末端，通过手脚摆动，可以促进血流。而内脏难以做到。再有，肝脏经常受到酒精、毒素的伤害；胃经常受到刺激和霉变的食物伤害；肺经常受到香烟、汽车尾气、油烟、甲醛等的伤害……所以，内脏容易病变。

五脏六腑容易得癌症，原因之一是血流量减少。我们的心脏是闭着眼睛送营养的，把营养送到哪算哪。血流是走捷径的，哪里路远阻力大，就送不到哪里。比如我们常见的老烂腿，由于得了糖尿病，全身的血管壁增厚，里面垃圾多了，血管就会阻塞，尤其是小腿、脚和手，血管路途很远，阻力又大，血送不过去，就会出现手指和脚趾的坏死。

白细胞有三个用途，第一个功能，他就像我们的警察和武装部队，找到坏细胞；第二个就相当于执法部队，把坏细胞杀死；第三个就是保安，把坏细胞拖走，清除掉。

白细胞的任务，就是时时刻刻发现、识别和消灭敌人。我们为什么运动，就是为了让更多的白细胞可以开到阵地上去。白细胞通常有一种附壁现象，运动可以使之从血管壁脱落，从而有更多的白细胞加入战斗行列。就像马路上的交通警察，如果都待在岗亭内，那么交通秩序就不会好。如果他们全部到马路上，可以大大提高交通秩序。同时运动还使血管扩张，相当于把道路拓宽，可以让氧气、营养过去，这样身体就好。

八、人为什么要退休

当身体的整个功能衰退，其实我们的细胞还不完全衰退，但是有地方会先衰退，在哪呢？

第一个是我们的心血管，没有保健好。由于血液中的脂类及糖类物质在血管壁上沉积，血管变窄，这和下水道的堵塞类似。

再有，心脏血管的动脉硬化，早在青年时期就已经开始。当然，血管只有狭窄到一定程度，或是合并急性血栓形成时才会有明显症状。

这就是一种衰退。

第二个是大脑细胞，动脑少了，大脑神经工作少，得不到锻炼，会衰退。动脑血流就快。比如说测谎，就是测大脑的血流，血流快就是在撒谎。

第三个也是最大的衰退——心脏的衰退。我们的心脏一直在搏动，心脏从小孩子生出来以后一直工作到人们年老死去，这个力量是很大的。20岁的女孩子脸为什么红嘟嘟的？因为每一次心脏打血都能打到皮肤边上，心脏功能好。

心脏功能弱，加上血管狭窄，没有足够的血流量，就打不到边，很多年纪大的手和脚就冷了。年纪大了，我们身上的边边角角就打不到足够的血，打不到血就容易生病。一旦打不到血，氧气过不去，白细胞过不去，水分也过不去，风一吹脸颊就干。

50岁以上的人，手比脸漂亮，因为手常动，供血充足，形成代谢，有血、有水、有营养过去。脸部营养不足，细胞死了，新细胞不补充，就老化了；经常按摩，老皮就会减少。女孩子要漂亮，最重要是按摩，增加血液循环。按摩，就是增加血流，提高新陈代谢，促进新细胞产生，皮肤就白嫩了。

男人也要用护肤品。护肤品可以吸收空气中的水分，使皮肤保湿，从外部供给面部皮肤水分。此外，护肤品会在皮肤上形成油膜，减少皮肤的水分蒸发。

九、人为什么会累

人累最主要是因为氧气不够，细胞的垃圾产生得太多没有得到清理。我们工作的时候，是屏住气，呼吸就会减少，肺的用量小，氧气就不够。再有，大脑用氧量极大，如果占据过多，其他器官供氧就不足。人在工作时，心脏的跳动是加快的，营养过去了，细胞吃了，但没有吃到足够的氧。细胞馋得很，只要有新鲜血，它就会马上去吃。没吃到氧气，缺氧分解有机物就会产生乳酸，使肌肉有酸疼感，从而使人感到疲劳；此外，体液偏酸，细胞的作用就会变弱，它的新陈代谢就会减慢。

为什么睡觉好呢？睡觉的时候体内的消耗大大减少了，细胞也可以好好地休息，准备活动时需要的能量和东西，醒了以后就有精气神了。就像我们的工地不能一直不停地开工，干到一定的程度就需要停下来一段时间，清理一下垃圾，补充一些材料，这样再干时工作效率就高了。睡觉时平躺，帮助心脏打血，一打就打到端头了。休息最好要闭起眼睛，身体保持安静，用氧量就会减少。氧气至少有 20% 是供头脑使用的。眼睛闭起以后，头脑的用氧量马上减少，氧气就可以供给其他需要的地方。

十、生活为什么要有规律

吴孟超院士（东方肝胆医院院长、博士生导师）经常说，适量运动、营养均衡、生活有规律是健康的基石。按时吃饭、睡觉、起床，有规律的生活，能够使身体的交感神经和迷走神经（又称自律神经），进入自动运营状态，无须大脑的意识神经来指挥，这样对健康大有益处。此外，人体内的酶和其他物质，也是根据生物钟来调节的。有规律的生活，可以使人体的生物钟准时准点，不至于紊乱。

十一、人为什么要休息

先讲一个故事。2006 年，我去土耳其，买了三天后的回程票。接待我的老外请我们吃了一顿饭，当天就谈完事就先走了。我走不了，只好在一家临海宾馆住下。因为是第三次去土耳其，不想出去逛了，就在房间待了三天。由于时差，早上睡不着，吃完早餐，散散步；电视看不懂——我连英语都不会，更何况土耳其语，只有看看窗外海景。就这样被迫安安静静休息了三天。那次乘飞机回来，一点也不累。第二天上班，像蓄满能量的电池一样，浑身都是劲。

从这次事中我感悟到，休息太重要了！

2007 年，我岳父有肝硬化，他人很瘦，只有 117 斤，找了个朋友到中山医院换肝。手术后隔离休养，不准探视。9天后我去探视，岳父含着眼泪问我，他是不是不行了，因为他体重急降到了102斤。我问医生是什么原因，刚开始不知道，问了很多人，最后才明白，所有开大刀的人，都要瘦十几斤。因为大休期间，人体自己在调节，存在体内好的营养会被运到需要的部位，内部调配和消耗很大，所以会瘦。

拿楼板打个比方。楼板有自重和载重，人有内消耗和外消耗，我们即使不干活，自己也有消耗的。人在休息的时候，我们的外消耗基本上就很少了，内部消耗的供应就充足。休息，就是为了让营养和氧气更多地供给内脏系统。

休息时，只有内消耗。休息时，自己在调节，把自己多余的营养调到自己需要的地方去，自己调节的能力是非常强的。每一周，完整休息一天；每两周，连续休息2天；每4周，连续休息3天；周一到周五的晚上，是身体恢复；周六白天休息一天，晚上休息时身体会启动一级调配；如果继续休息，周日晚上会启动二级调配；第三天连续休息，会启动三级调配。

50来岁的人，中午一定要休息。为什么？年龄大了以后我们的细胞功能也跟着减弱了，合成能量和清除垃圾的能力也大不如前，定期休息一下可以让我们的细胞有一个喘息的机会，把能量储存好，也让我们的"武装部队"得到休息和调整，人就又精神了，我们的免疫系统也就更有力量去发现和消灭坏蛋，生病就少了。平躺时消耗比较小，血管里的血也容易供到大脑，大脑里的血就会变得充足。中午要闭目养神，打个盹。坐车的时候，最好也能闭目养神。据说李嘉诚每天 3 次闭目养神，每次 10 分钟。

60 岁之后，中午要休息一小时左右；70 岁之后，中午要休息两小时左右。

有很多老红军，长征时浑身是病，后来却能活到八九十岁，就是因为后来休息、调养得好。

人身体不舒服，要以休息为主。休息养病比运动的力量更大；等身体好了，再多运动，运动与休息相结合。

怎样养强壮细胞？概括地说有以下方法：

1. 让细胞吃全，保障营养供给。

2. 适量运动，增加血流量，把营养和氧气充分输送到细胞。

3. 生活有规律，使人体的运行更有序、更健康。

4. 适当休息可以让人体的资源做更好，更深的调配，让细胞更有效地工作。

人体有四大奥妙，四个优先：

1. 供氧大脑优先，所以我们要经常闭目养神。

2. 营养制造精子、卵子优先，把好的营养调过去制造，源于人的快乐本能，由大脑直接指挥，优先保障。如果早上用了，白天人体就会调集营养去制造、补充，所以会累。

3. 外消耗优先。能量首先用于外部，所以我们要休息，能量就能用于内部。

4. 情人优先。生理上总是对情人优先有反应，所以不能有情人，有情人会导致婚姻不幸福。

后记

让我们认识作为哲学体验者的车建新

车建新,大名鼎鼎的红星美凯龙全球家居连锁集团的董事长,当然如今他本身也大名鼎鼎:行业的专题报告,高等学府的演讲,众多媒体的访谈,各种荣誉和头衔……曝光率高,影响力也大。但问题是,不熟悉他的人,就只知道他是一个成功的企业家;一般熟悉他的人,则认为他是一个工作狂。

工作狂是自然的,创业 26 年,没有疯狂的拼搏与奋斗,怎么能把一个借资 600 元起家的家具小作坊, 变成创造了无数个第一的中国家居业第一品牌,并已走进百 mall 时代呢!他过旺的精力和对事业追求的狂热,众所周知;甚至他对未来的梦想和执着,在不少员工的心目中,都达到超激情的程度了——他应该是个不知不扣的工作狂！

可是，更多熟悉他的人已经发现，近年来他悄悄发生了诸多变化：变得热爱生活了，体验生活了，研究生活了。譬如，他在员工的培训中，更多把生活哲理注入了工作原理；在原本正经严肃的公关场合他会给来宾大谈传统养生与生命科学；而在小范围的茶余饭后，他尤会为人生与情感的新思维而滔滔不绝……也许，他在深谙商道的同时，又悟出了生活和生命的真谛。

笔者与车建新先生相识已有 20 年，之后加盟企业，作为其直接下属几乎朝夕相处了 7 年，现在又成为公司的顾问，应该说了解之深，体察之甚，颇为难得。或许早年还囿于工作关系，彼此更多论及企业事务，而今则毫无顾忌地放谈相关生活的各个侧面。办公室对坐也好，出差旅行也好，或者手机往往超过一小时的通话，主题基本都是对固有职场与生活现象的另一个角度的分析，对常规成长和生活理念的换一种方式的思考。

古人云："处处留心皆学问，世事洞察即文章。"从这个意义来说，我就不得不佩服他洞察生活、感悟生命的留心、细心和用心。他曾归纳过，四项生命的任务，五个生命的指标，以及"九情九欲"的生命，而这里面就引发出许许多多的奇思妙想，并不乏生动有趣的故事佐证——这就变成了一种学问，成长的学问、生活的学问。这种学问有没有用？因为它们不是空洞的理论，或抽象的概念，它们都是源于他自身的创业经历、管理实践与日常生活的体验感悟，因此它们是鲜活的，有质地的，是一个成功者生活经验的真实坦言。好几年前，他有些零星小文发表在报纸上，他的一位级别颇高的官员朋友的老母亲居然还把它剪下来，压在玻璃台板下，一定要让儿子看。因为有独到的见地，因为有共鸣。

当然，这些学问也来自其他学问触发的思考，因为他越来越爱读书的缘故。记得早年他在我家的书柜里取走一本《战争与男性荷尔蒙》，居然消化为他事业拓展的精神动力之一；而去年他还在旅途劳顿之余，阅读并与我多次讨论两本书，一本是复旦教授的《寻觅意义》，另一本则是俄罗斯哲学家的《人的奴役与自由》。对于一个小木匠出身的企业家，对于一个应该是日理万机的管理者，似乎是那么的不可思议吧？但这是真实的。他太爱读书了，尤其是纸面文字的阅读方式。而且不仅喜爱，他对书的阅读能力、消化能力和吸收能力特别强,举一反三的能力则更厉害。也许有时别人会觉得游离和勉强,但恰恰是这点,证明了他读书是为己所用,为成功所用的。这不就是一本有价值之书的本质意义么!

基于这些,我就动员他,应该把零散的观点或心得记下来,加以整理,可供更多的读者朋友来交流探讨。借用村上春树的书名《当我谈跑步时,我谈些什么》,那我们也可以知道当车建新先生除了在商场、办公室、谈判桌以外,在上海西郊的绿地小坡跑步时,他在思考些什么。我以为这些思考,无论对现时仅仅为生存的人们,特别对刚步入社会渴望成功的年轻人,都会很受用,很有益,也会让你读得很轻松、很快乐。

《体验的智慧》是车建新先生定的,或许正是对他自己体验之体验,感悟的感悟。他说:分享生活哲学,一年改变人生。但你要称他"生活哲学家",他却不肯接受了, 他又会说, 因为自己是搞家居 mall 的,家居不仅是硬件,还有软件,那就是生活,目前要为大众打造品位家居、艺术家居,就要研究生活艺术的哲学,做家居艺术的专家,更要成为生活的专家嘛!那我们该给车建新先生怎样一个比较合适而准确的定位呢?

日前看到英国的《每日电讯报》刊载:科学家发现大象拥有四种截然不同的性格——"领导者、温柔巨人、调皮捣蛋者和辛勤工作者"。很巧的是,这四种性格符号几乎都与车建新对得上:首先他是优秀的企业领导者,红星文化的赏识与激励正体现了他的柔性管理,他那天马行空的思维常常在同"设限"和"定式"捣蛋,但他又是非常勤奋的实践者。而且,在本书完成的今天,车建新还应该再加上"哲学与智慧的体验者"这一条吧!

相信读过本书的朋友,对车建新其人肯定会有一种比原来印象中更完整、更深入的认识和了解。

钱　莊

作家、策划人、传媒人、红星美凯龙集团顾问